听企业
讲中国故事

丁永健　孙　佳 编著

Understand China with
Stories of Enterprises

科学出版社

北京

内 容 简 介

讲好中国经济故事的方式有很多，本书从企业的视角切入，听它们讲中国经济的重大话题。

本书有三个特点：一是由小见大，见微知著。通过透视各种类型、各个领域典型企业的发展，揭示乡村振兴、创新驱动、"一带一路"等的底层逻辑。二是由远及近，贯通脉络。从典型企业的发展历程入手，梳理国有企业改革、新型城镇化等问题的来龙去脉，阐释中国的市场化进程。三是由表入里，大义微言。通过华为、"李宁"等典型企业跌宕起伏的崛起之路，展示了在顶风前行中不断打造韧性的中国经济，以充分激发读者的"四个自信"。

本书既是研究中国经济的专业读物，也可为课程思政提供丰富素材，体现了专业与思政的有机融合，同时亦可帮助广大公众，以及来华留学生与商务人士迅速读懂中国经济。

图书在版编目（CIP）数据

听企业讲中国故事 / 丁永健，孙佳编著. —北京：科学出版社，2023.10
ISBN 978-7-03-071929-4

Ⅰ. ①听… Ⅱ. ①丁… ②孙… Ⅲ. ①企业管理–研究–中国 Ⅳ. ①F279.23

中国版本图书馆 CIP 数据核字（2022）第 045212 号

责任编辑：石 卉 吴春花 / 责任校对：韩 杨
责任印制：师艳茹 / 封面设计：有道文化

科 学 出 版 社 出版
北京东黄城根北街 16 号
邮政编码：100717
http://www.sciencep.com

北京虎彩文化传播有限公司 印刷
科学出版社发行 各地新华书店经销
*
2023 年 10 月第 一 版 开本：720×1000 1/16
2023 年 10 月第一次印刷 印张：11 1/2
字数：231 000
定价：88.00 元
（如有印装质量问题，我社负责调换）

前　言

　　企业是经济的细胞，经济发展与社会变迁的宏大叙事，是由一个个企业的小故事汇集而成。40多年来，一波又一波的企业随着改革开放的浪潮兴起。它们在顺境中蓬勃成长，在遭遇风浪时艰辛探索，成为改革开放不竭的动力，使中国经济展现出超强的韧性。近年来，我国一直将推进供给侧结构性改革作为经济工作的主线，而供给侧的主体，归根结底就是企业。因此，讲好中国经济故事，企业应该是真正的主角。当前，中国正面临"百年未有之大变局"，中国经济从高速增长阶段转入高质量发展阶段，从"两头在外"的模式转向"以国内大循环为主体、国内国际双循环相互促进的新发展格局"，这样的战略转变能成功吗？中国能不能利用超大规模市场优势，在产业链关键和核心环节实现超车？本书希望从企业的视角切入，为这些热门的中国经济话题寻找答案。

　　本书是我们"读懂新时代中国经济"三部曲中的第二部，延续了第一部《新时代中国经济读本》（科学出版社，2020年1月出版）的风格，用通俗易懂而又不失专业性的语言，展现中国经济的概貌、新颜和实景。与第一部聚焦重大战略问题、宏观叙事不同，本书从企业的视角来讲述中国经济故事，即以企业的成长历程展现中国市场化改革的历史变迁，以企业的创新变革阐释中国当下经济结构的转型升级，以企业对未来和未知的探索勾勒中国经济的长远前景。第三部《中国人的经济生活》计划从衣、食、住、行、钱、教、医等层面切入，通过百姓生活洞察中国经济的宏伟变迁，目前正在撰写中。

本书的一大特色是每一章均由一个案例引出，这借鉴了管理案例教学的思想。本书绝大部分案例选自全世界最大的中文管理案例库——中国管理案例共享中心案例库，其由全国工商管理专业学位研究生教育指导委员会发起并设立。导入案例不仅仅是为了增强本书的可读性，也是为了更好地体现本书的核心思想——见微知著，从微观切入，展示中国经济的宏观场景。本书可为经济学、管理学等相关课程的课程思政提供素材，也可为教师进行全案例教学提供参考。中国管理案例共享中心的日常工作机构就设在作者单位大连理工大学，我们在案例教学方面有丰富的经验，乐意为使用本书的教师提供教学支持。

《新时代中国经济读本》出版以来，有幸登上了多个市场化媒体的推荐榜单，我们深感荣幸。很多读者给出的非常宝贵的意见，我们都尽量在本书中有所体现。每年我们都有数十场报告会、讲座，并与听众进行交流，这为本书撰写提供了新的视角与素材。我们由衷感谢来自读者、听众的指教。希望本书的目标读者群体——关心经济的普通读者、经济和管理相关专业师生、公务员、企业经营管理人员等，都能从本书中汲取营养。

本书由中央高校基本科研业务费项目（DUT18RW502、DUT22RW117）、辽宁省社会科学规划基金项目（L17BJY024、L22BJY013）、大连理工大学教材建设出版基金项目（JC2021005）、大连理工大学研究生教改基金项目（JG2021015）和国际教育学院培育基金项目（SIE20TYB5、SIE20RYB10）联合资助，并得到大连理工大学滇西产业发展研究院的支持。我们要特别感谢大连理工大学硕士研究生王宇婷、赵悦汐、陈兆庆在本书搜集资料、整理文稿、校对修订过程中的辛勤工作与付出。衷心感谢科学出版社石卉编辑在选题、撰稿、修订过程中给予我们的宝贵建议，她的工作使我们充分认识到选择一个高水平出版社对作者是多么重要。

丁永健　孙　佳

2023 年 3 月

目　　录

第一章

农业现代化与中国式扶贫

　　自脱贫攻坚战打响以来，勐糯镇坚持在黄土地上"淘金"，走"高端产业"发展路线，着力推动农村经济发展质量、效率、动力的变革，成功引入褚橙行业领军企业——云南恒冠泰达农业发展有限公司。该公司计划投资10亿元建设3万亩①柑橘类水果特色产业基地，配套有育苗基地、万吨有机肥厂及高效节水管网系统等设施。基地已成为全国最大的褚橙基地及市级重点扶持的"十个万亩"项目之一，被列为保山市乡村振兴"党建+产业"示范园。

　　2019年，褚橙基地采收鲜果7500吨，实现产值4200万元。褚橙种植农户的亩均年纯收入2000余元，是2013年前的4倍多。通过几年的大胆尝试与创新、不断完善与总结，形成了以"一地生五金+一业出四效"为核心内容的"龙陵褚橙扶贫模式"。这种模式实现了脱贫变输血为造血、变短期收益为长期收益，持续向山区贫困群众释放"裂变效应"，推进全面脱贫与乡村振兴战略有效衔接。

---

① 1亩≈666.7平方米。

第一节 褚 橙

褚橙皮薄汁多，清甜化渣，拥有黄金酸甜比，是最受亚洲人喜爱的甜橙之一。2012年，褚橙在全国范围内得到广大消费者的认可，树立了中国农产品的知名品牌。褚橙团队始终使用现代农业技术和标准化管理体系进行水果种植，同时开展优质水果品种繁育、种植技术、标准制定、采后处理、精深加工技术和工艺等方面的研究。

一、规模经营，品质为王

1. 规模效益

就现代农业而言，单打独斗虽然依旧流行，但是规模经营才是农业产业化的发展方向。褚橙最开始就借助外来资本，大量开垦荒地，整体规划，并进行大规模的投入和标准化的生产，从而实现了对生产过程的有效控制。褚橙发展的规模起点是160公顷的国有农场，规模的量级为其后续发展带来了可能。2015年，褚橙集团产值超过1亿元，平均每亩产值超过3.3万元。[①]

2. 品质控制

为保证产品的品质，褚橙从灌溉、施肥、间伐、控梢、剪枝、病虫害防治到果农管理都十分严格。以控梢为例，目前国内柑橘类的种植书均未涉及对这一细节的量化标准，但是褚橙对其进行了精准表述，即在嫩梢长10厘米内，必须控除干净，否则将做相应的处罚[②]。褚橙所用到的肥料都是由褚橙团队调配的，以保证果树的营养均衡。专业人士带领果农修剪枝叶，确保果树的光照充足和密集程度合适，严格进行疏花疏果，使养分集中在合适数量的果子上。这一系列措施保证了褚橙的产品质量，是品质控制的第一步也是最为关键的一步。褚橙种植过程中进行的品质控制如图1.1所示[③]。

---

① 姚敦团."褚橙"成功模式分析.中国果业信息，2018, 35（9）：17-19.
② 赵晓萌.褚橙：学什么，怎么学？.销售与市场（评论版），2015,（6）：81.
③ 张玥.褚橙果园操作手册.植物医生，2016, 29（4）：4-8.

灌溉	施肥	打药	剪枝
拥有总长20万米的输送管道及总容量超过20万立方米的8个蓄水池，引用深山中无污染的山泉水进行灌溉	褚橙所施肥料使用烟秆、塘泥再配积粪和果园自己发酵的生物菌肥。用量的把控根据多年积累的经验进行灵活调整。果子采摘后会施冬肥以保证果树健康	果园进行统一打药（要求细致到打什么药，达到什么样的效果）。打药后还会进行检查	果园的操作手册非常详细地对剪枝的要求进行了描述（如具体剪多少厘米），再根据实际情况进行调整

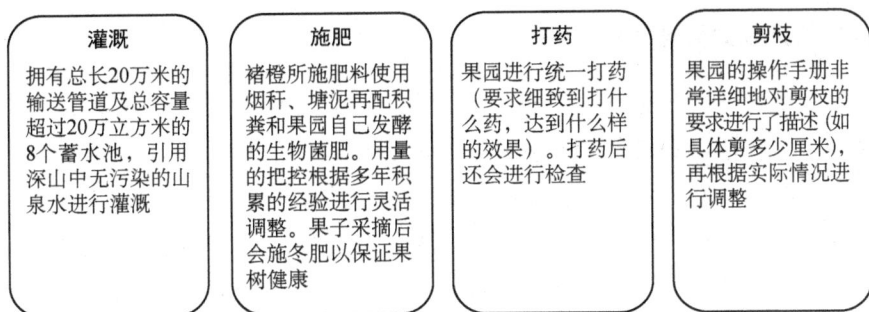

图 1.1 褚橙种植过程中进行的品质控制

即便在种植的环节已经进行了严格把关，也并不是每个橙子都会走向市场，褚橙在下树之后还会经过严格挑选。褚橙形成了通过直销、网销和团购覆盖线上线下的销售体系。同时，通过二维码、独特包装、特定销售渠道、媒体通告销售情况等方式，褚橙尽力避免假货和品控问题[①]，从种植到销售的每一个环节都进行严格的品质控制。

二、土地流转，异地扩张

褚橙在生产经营过程中，开发了多个生产基地，从云南省内逐渐扩张至省外。在地方政府和当地农民的积极配合下，各生产基地均采取土地流转的方式进行管理。

1. 土地流转实现双赢

土地流转即土地使用权流转，是指拥有土地承包经营权的农户将土地经营权转让给其他农户或经济组织（即保留承包权，转让使用权）。2013年中央一号文件首次提出"家庭农场"的概念，鼓励和支持承包土地向专业大户、家庭农场、农民合作社流转。新平彝族傣族自治县（简称新平县）把握机遇大力推进土地流转，在规范土地流转流程、完善流转制度、健全土地流转各项政策措施的推动下，全县土地规范流转速度不断加快。其中，褚橙庄园获得流转土地约占新平县土地流转总面积的近1/10。[②]

---

① 刘柳. 从"褚橙"模式看生鲜渠道把控. 互联网经济，2016，（3）：80.
② 高燕，钟献兵，刘联华. 云南农业化现代化建设：褚橙庄园的实践与启示. 时代金融，2014，（35）：57-58.

2. 生产能力异地扩张

为实现褚橙生产能力的扩张，褚橙团队自2012年起开始在哀牢山以外的地区建立生产基地。2012年，褚橙旗下云南太阳谷果业有限公司负责人到云南省丽江市永胜县，参加了永胜县优质冰糖橙种植项目产业合作协议签订仪式。除在省内不断开发新的生产基地，褚橙团队也逐步将扩张的步伐迈向省外。2017年10月，四川省仁寿县人民政府与云南恒冠泰达农业发展有限公司签署合作框架协议，将在仁寿县打造2.2万亩（褚橙）晚熟柑橘现代农业园，让褚橙首次走出云南，落地仁寿县农旺镇。仁寿县不仅有秦岭山脉挡住北方的寒流，又有二峨山挡住冷气流，使得仁寿县的冬天也不至于太冷，一年四季温差不大，十分有利于晚熟柑橘的成长、留树。

三、平衡利益，造福农民

1. 褚橙方法

褚橙庄园之所以能结出品质如此之好的橙子，与农民所付出的辛勤汗水密不可分。在褚橙庄园土地流转的模式下，褚橙庄园的管理者做出的很多决定都需要和农民商议，将农民的利益和褚橙公司的利益捆绑在了一起。褚橙庄园为管理农民所采用的管理模式比普通的"公司+农民"的管理模式要复杂得多。在褚橙庄园，用员工或者个体户来形容这些农民似乎都不合适，反而用"合伙人"来定义他们更为精确。褚橙庄园采用了"半合伙人制"，主要包括免费承包责任制、补贴发放、公司统一培训、买卖关系四个方面。褚橙庄园特殊的管理方式也获得了"褚橙方法"这样特别的称号。

首先，免费承包责任制。褚橙庄园将果园划成片区，分包给农民。与普通承包不同的是，农民不用出土地承包费，就连果树也是由褚橙庄园提供的，农民的工作就是种植自己承包片区的果树。土地分配完成后，农民每个月会从褚橙庄园领到生活补助，种植工具和农药都由褚橙庄园出钱购买。另外，褚橙庄园为农民配套了住房，配置了沼气池、厕所、猪圈，以及一小块土地（农民可以在这片区域内种植瓜果蔬菜以满足部分生活需求）。其次，褚橙庄园对于褚橙的种植有一套标准方案，会对农民进行统一培训。专业人员会介绍关于种植各环节所需要做的事情和每个月的任务，并检查完成情况。农民甚至需要在专业人员培训后完成"考试"，才能回到自己的果园进行种植。最后，褚橙收获后，农民便与褚橙庄园有了买卖关系。农民需要按照规定时间进行采摘，把果子交到褚橙庄园。褚橙庄园会按照一级果、优级果和特级果分级，等级不同价格也不同。同时，在褚橙团队的经营观念中，与人合作必须要给人利益，认为适当让渡利益，有时收获更大。农民既不是个体户也不是员工，却获得了最合理的发展空间，还有对于果园强大的归属感。对于褚橙庄园而言，这样的管理方式也更加有效。

2. 农民发家致富

褚橙的种植离不开土地，也离不开当地农民。多年来，褚橙庄园用实际行动回报了一方百姓，带动当地农民富了起来。褚橙庄园品牌旗下有6个种植基地，历史上都是当地的贫困山村。以云南省新平县平甸乡磨皮村为例，全村辖区42平方千米，主要以种植烤烟、甘蔗为生，2013年人均纯收入3479元。同时，依据大数据分析，农民不再靠天吃饭，从种植到采摘的每一步都经过了精密计算。不仅如此，农民还实现了一份土地赚四份钱的奇迹。农民一年的收入包括土地集中流转后收取的租金，种植褚橙所需要的农机器械和材料的租金，每个月种植褚橙的工资收入，以及橙子上市后的分红。

思考题

1. 为什么农民愿意把土地流转给褚橙庄园？褚橙庄园是怎样在经营中激发农民积极性的？

2. 褚橙给中国农业现代化带来什么启示？如果有机会，你会去中国农村创业吗？

3. 你认为在品牌的经营中最重要的是什么？品质控制在产品的销售过程中处于什么地位？

第二节 中国的西部与农村

从地理角度看，中国西部由四川、陕西、云南、贵州、西藏、重庆、内蒙古、甘肃、青海、新疆、宁夏、广西12个省（自治区、直辖市）组成。西部12个省（自治区、直辖市）面积686万平方千米，约占全国陆地总面积的71%，资源丰富，市场潜力大。然而，由于经济、自然、历史、社会等原因，西部地区经济发展相对落后，迫切需要加快改革开放和现代化建设步伐。改革开放至今，由于西部的特殊条件，东西部的差距仍在扩大。东西部经济差距不仅在经济上制约了东南沿海地区的发展，而且诱发了一系列社会问题。

2000年10月，党的十五届五中全会通过的《中共中央关于制定国民经济和社会发展第十个五年计划的建议》指出：西部开发要加快基础设施建设，抓好一批交通、水利、通信、电网及城市基础设施等重大工程，实施"西气东输""西电东送"。根据《国务院关于实施西部大开发若干政策措施的通知》，西部开发的政策适用范围包括重庆、四川、贵州、云南、西藏、陕西、甘肃、宁夏、青海、新疆、内蒙古、广西。

1. 中国西部发展现状

20多年西部大开发的推进，标志着西部地区开始进入高速发展时期。20多年过去了，西部借助政策的红利，已经改变了过去贫瘠的状态，各省份都获得了高速发展。1999年与2018年西部12省（自治区、直辖市）在GDP方面的表现见表1.1。

表 1.1　1999年与2018年西部12省（自治区、直辖市）GDP及增幅

省（自治区、直辖市）	1999年GDP/亿元	2018年GDP/亿元	增长率/%
贵州	937.50	14 806.45	1 480
陕西	1 592.64	24 438.32	1 434
宁夏	264.58	3 705.18	1 300
西藏	105.98	1 477.63	1 294
内蒙古	1 379.31	17 289.22	1 153
重庆	1 663.20	20 363.19	1 124
青海	239.38	2 865.23	1 097
四川	3 649.12	40 678.13	1 015
新疆	1 163.17	12 199.08	949
广西	1 971.41	20 352.51	932
云南	1 899.82	17 881.12	841

续表

省（自治区、直辖市）	1999年GDP/亿元	2018年GDP/亿元	增长率/%
甘肃	956.32	8 246.07	762
总计	15 822.43	184 302.13	1 065
全国	90 564	900 309	894

资料来源：根据国家统计局网站（http://www.stats.gov.cn/）发布数据整理得出

2. 中国农业发展现状

在地大物博、幅员辽阔的中国，农业区域性差异格外明显。中国南北分界线在东西走向的秦岭—淮河一带，秦淮线南北的农业差异便是我国南北的农业差异，主要体现在农业的耕作方式上。南方气温高、热量充足、雨水充沛，这使得南方每年农业生产可以多次进行，如在以水稻为主的农作物上可以做到一年两熟甚至三熟。北方气温低，降水量少，以种植一年一熟的小麦为主，也有些地方可以种植水稻。我国农业的东西差异更为明显，从东南沿海到新疆、西藏，绵延几千千米，因为地形和气候条件的变化，各地农业类型各色各样。东部地区以平原为主，地势平坦，以水稻和小麦等作物为主。西部地区以山地为主，地势起伏大，山河相间，高低不平，农业则依托山地资源，适合山地经济作物的发展，可耕种土地集中在河谷平原地区，粮食自给率低，农业生产方式比较落后。

3. 中国西部农村地区发展现状

随着改革开放的不断推进，我国各个地区都借着这一机会得到了发展，但是西部地区的农村产业结构和东部地区仍存在着明显差距。在发展的前期，东部地区借助自身社会和经济地理条件的优势率先开始发展非农产业，对产业结构进行积极调整，使得这些地区农村的非农程度远远高于其他地区。1999年，我国西部农村地区二、三产业产值在农村增加值中的比重为40.4%，比东部地区落后了27.6个百分点。而"九五"以后，在农村经济增长总量中，农村地区二、三产业增加值在西部地区仅占45.2%，而在东部地区占89.6%，差距仍然巨大[①]。造成这一状况的主要原因有西部农村地区对外开放程度低、一级基础

---

① 刘畅. 一带一路背景下我国西部农村地区的经济研究. 中国管理信息化，2019, 22（3）：113-115.

设施相对薄弱等。但是，我国西部农村地区有着独特的地理环境和气候条件以及生物多样性的优势，可以借此来发展特色农业，从而实现自身的可持续发展。

第三节　中国的土地管理制度改革

褚橙在管理方式创新方面有很多经验，其中最为重要的就是褚橙团队对土地流转政策的合理运用。从土地管理到农户管理，褚橙团队所运用的创新的土地管理方式都是建立在中国近年来的土地管理制度改革之上。

1. 土地管理制度改革历史

1949～1952年，中国处于土地改革阶段。土地改革消灭了封建土地剥削制度，改变了几千年农村旧有的生产关系，解放了生产力。中华人民共和国成立后，中国共产党领导人民从新民主主义向社会主义过渡，在1953～1956年完成了对农业、手工业、资本主义工商业的社会主义改造，实现了生产资料私有制向社会主义公有制的转变，标志着中国跨入了社会主义初级阶段。1958～1984年中国农村处于人民公社阶段，实行土地集体所有制和集体所有制经济形式，开启了社会主义社会"各尽所能，按劳分配"的新篇章。1982年之后实行的家庭联产承包责任制将土地的所有权与承包经营权分离，在土地所有权仍归集体所有的前提下，土地的承包经营权从集体转移至农户，昭示着中国进入农村改革、经济体制改革和改革开放新时期。此后，国家不断稳固和完善家庭联产承包责任制，鼓励农民发展多种经营，农村的生产力得以解放，使广大农村地区基本解决了温饱问题，逐步走上了富裕的道路。中国因此创造了令世人瞩目的用世界上7%的土地养活世界上22%人口的奇迹。

2. 当前土地管理制度

2014年1月，中央一号文件指出，稳定农村土地承包关系并保持长久不变，在坚持和完善最严格的耕地保护制度前提下，赋予农民对承包地占有、使用、收益、流转及承包经营权抵押、担保权能；在落实农村土地集体所有权的基础上，稳定农户承包权、放活土地经营权，允许承包土地的经营权向金融机构抵押融资[①]。2014年11月，《关于引导农村土地经营权有序流转发展农业适度规模经营的意见》提出了"三权"分置的思想，标志着新一轮土地改革大幕正式拉开。"三权"分置是指农村土地所有权、承包权、经营权分置，如图1.2所示。所有权、承包权和经营权既存在整体效用，又能各自发挥其功能。"三权"分置是继家庭联产承包责任制后农村土地改革的又一重大制度创新。改革开放之初，在农村实行家庭联产承包责任制，将土地所有权和承包经营权分设，所有权归集体，承包经营权归农户，极大地调动了亿万农民的积极性，有效地解决了广大农民的温饱问题，农村改革取得重大成果。新时代呼唤深化农村土地制度改革，中央顺应农民保留土地承包权、流转土地经营权的意愿，将土地承包经营权分为承包权和经营权，实行所有权、承包权、经营权分置并行，着力推进农业现代化和乡村振兴战略[②]。

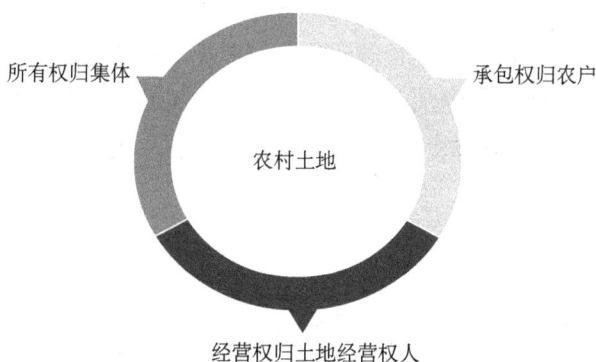

图1.2　农村土地"三权"分置状况

　　家庭联产承包责任制与"三权"分置的不同主要表现在以下几方面：其一，是制度设计直面的问题不同，前者主要解决人民公社时期"一大二公"集约化模式带来的僵化和效率不高的问题，后者主要解决新时代背景下城镇化进程中现代农业发展及乡村振兴战略的抓手问题；其二，是制度设计所指向的对象不尽相同，前者主要是指集体和农户，承包经营者均是同一个人（即农户），后者主要是指集体、农户和经营者，承包者和经营者可以分开（即既可

---

①　关于全面深化农村改革加快推进农业现代化的若干意见. http://www.gov.cn/zhengce/2014-01/19/content_2640103.htm[2021-09-20].

②　高云坚. 新中国70年农村土地管理模式及经验. 辽宁行政学院学报，2020，（1）：25-30.

以同为农户，也可以是农户和经营者）；其三，是制度设计的使命不同，前者的使命是解决广大农民的温饱问题，后者的使命是解决广大农民的小康与富裕问题；其四，是制度设计的经营方式不同，前者主要靠农户及家庭成员的亲力亲为获得收益，后者主要靠土地的流转承包获得收益，换句话说，就是农民可以通过土地流转的方式出租给经营方获得收益，不一定需要亲自耕种获得收益[①]。

3. 土地管理制度的改革对于农村经济发展的促进作用

目前，农村发展的趋势越来越多元化、规模化，也产生了很多以土地为基础的产业，这不仅提升了农业的生产效率，还促进了农业生产技术的推广运用。土地制度的改革有利于土地资源的合理分配。有很多农民为了增加经济收入，会选择进城打工，逐渐减少了农村劳动力的数量，甚至出现农村土地无人耕种的现象，对农村土地的利用率和农村经济的发展都带来不利的影响。通过土地制度的改革，可以将土地资源和人力按照一定的比例进行分配，既可以高效利用农村土地资源，又增加了农村劳动力。如果农村土地采取市场化的经营模式，充分发挥农业的优势，就会有效减少外出打工人员，使人力资源利用率得到提高[②]。

第四节　农业现代化与农民脱贫之路

1. 农业现代化

褚橙的成功和它成功的网络营销模式密不可分，但是更加重要的是褚橙因严格的品质控制所产生的良好的品牌效应。要想保证产品的质量，就需要从果树的种植（即生产过程）抓起。由于农业转型尚未完成，我国农业仍存在产业特性弱、自生能力弱和就业竞争力弱等突出问题。褚橙的种植作为当代农业现代化的典范，值得许多农业生产企业学习与借鉴。

发展现代农业，从微观上看，旨在完成传统农业到现代农业的转型，消除

---

① 高云坚. 新中国70年农村土地管理模式及经验. 辽宁行政学院学报，2020，（1）：25-30.
② 赵海波，滕春明. 土地制度改革对农村经济发展的作用. 住宅与房地产，2019，（36）：240.

传统农业的弱质性和化学农业对环境的破坏性，形成农业的自生能力和竞争能力，实现农民的职业尊严和幸福生活；从宏观上看，作为一个拥有14亿人口的大国，中国必须打造微观经营组织具有自生能力、就业具有产业竞争力、产品具有国际竞争力的现代农业，方能在国际经济交往中不受制约。农业现代化的具体内容如图1.3所示。

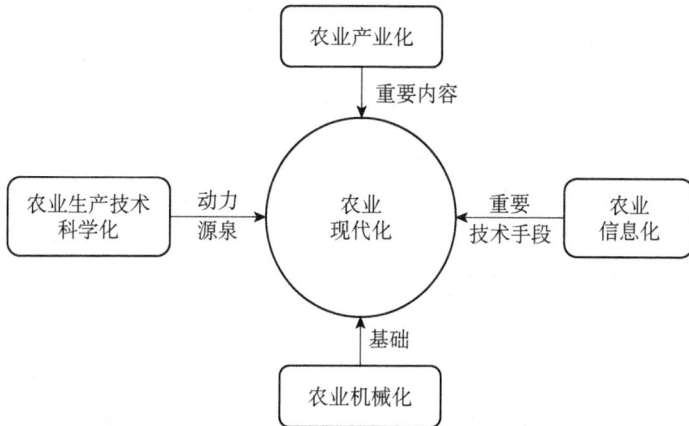

图1.3　农业现代化的具体内容

农业机械化是运用先进适用的农业机械装备，实现农业与农业机械的结合，以更大程度地发挥农业机械的作用，提高劳动生产率，改善农业的生产经营条件，提升农业的生产水平和经营效益。2018年，我国农业机械化进程迈出了一大步，农业机械总动力超过10亿千瓦，农作物耕种收综合机械化率达到70%。

农业生产技术科学化是指以科技为支撑，将科学技术渗透和应用于农业的生产和经营过程中，促使以经验为基础的传统农业转变为以科学为基础的现代农业。传统的粗放式经营转变为集约式经营，逐步提高农业科技对农业总产值的贡献率，并实现农业结构调整，最终改变城乡二元经济结构的局面，推进城乡融合发展。

产业化是指非国民经济部门或行业通过商品货币关系的变换，对自身规模、产业结构进行调整，进而实现由非产业到产业的转换。农业产业化则体现于农业生产领域，依托农产品资料进行生产、加工、销售等环节的一体化经营，实现农、工、商深度融合、共同发展的过程，以满足市场的消费需求，提高农业生产的综合效益，实现农业农村现代化发展。2016年，据农业部第七次监测合格农业产业化国家重点龙头企业统计，我国合格农业产业化国家重点龙头企业总共为1131个。其中，山东省共计有85个，位居首位，第二名是四川省（58个），河南省和江苏省并列第三（55个）。国家重点农业产业化龙头企业主要分布在东部沿海地区和传统农业大省。例如，经济发达省份的浙江和广东等，传统农业大省四川和河南等。这些地区的农业产业化龙头企业对产业发展带动作用明显，对周边地区经济辐射力强。农业产业化龙头企业是产业化经营的组织者，一端与广大农户链接，另一端与流通商或消费者链接，充当着农产品供需市场的桥梁，同时也是产业化经营的营运中心、技术创新主体和市场开拓者，在经营决策中处于主导地位，起着关键枢纽的作用。

农业信息化则是将现代信息技术应用于农业生产、通信、流通、消费等各个方面，引导农业的生产要素、科学管理、数字设计、智能控制、信息内容向精准化方向发展，实现农业在生产管理、公共设施服务等方面工作效率的提升，旨在提升农业的综合效益，发展现代农业。在现代农业中，无论是其所采用的现代科学技术、运用的现代工业装备、推行的现代管理理念和方法，还是其科学化、商品化、集约化和产业化的内涵，都毫无例外地融入了互联网、感知、大数据、云计算等以信息和空间技术为代表的高新技术，使现代农业也呈现出新的形态——信息农业，如图1.4所示[①]。目前，基于物联网技术的智慧农业技术已经得到广泛的应用，如通过百度图像技术可以观察植物的生长状态，自动识别并分析农作物状态，提供病虫害的预警、检测等。海尔2018年就在山东金乡将工业生产的标准与设备安装到了农田，通过传感器、互联网技术的应用，指导农业合作社进行标准种植。

2. 农民脱贫致富

习近平总书记指出，脱贫攻坚既要扶智也要扶志，既要输血更要造血，建立造血机制，增强致富内生动力，防止返贫[②]。

---

① 曹宏鑫，葛道阔，曹静，等."互联网+"现代农业的理论分析与发展思路探讨. 江苏农业学报，2017，33（2）：314-321.

② 习近平在河南考察时强调 坚定信心埋头苦干奋勇争先 谱写新时代中原更加出彩的绚丽篇章. http://www.gov.cn/xinwen/2019-09/18/content_5431062.htm[2021-09-20].

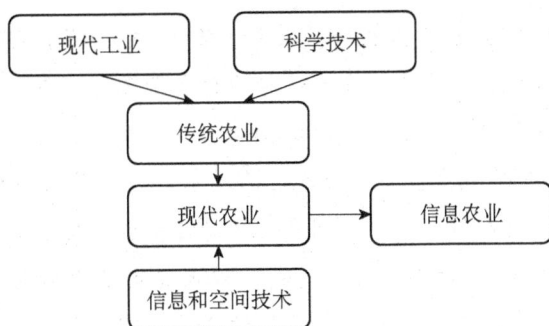

图1.4 "互联网+"现代农业概念

1978年，中国农村贫困人口、贫困发生率分别为77 039万人和97.5%，改革开放以来，脱贫攻坚取得决定性进展，2017年这两个数字分别下降至3046万人和3.1%[①]。贫困地区农村居民收入实现快速增长。2018年，贫困地区农村居民人均可支配收入10 371元，是2012年的1.99倍，年均增长12.1%，贫困地区农村居民人均可支配收入是全国农村平均水平的71.0%，比2012年提高了8.8个百分点，与全国农村平均水平的差距进一步缩小。贫困地区农村居民消费水平不断提升。2018年贫困地区农村居民人均消费支出8956元，与2012年相比，年均增长11.4%，扣除价格因素，年均实际增长9.3%。其中，集中连片特困地区农村居民人均消费支出8854元，年均增长11.3%，扣除价格因素，年均实际增长9.3%；扶贫开发工作重点县农村居民人均消费支出8935元，年均增长11.6%，扣除价格因素，年均实际增长9.5%。2018年贫困地区农村居民人均消费支出是全国农村平均水平的73.9%，比2012年提高了3.4个百分点。2020年12月3日，习近平总书记在主持召开中共中央政治局常委会会议时指出，"经过8年持续奋斗，我们如期完成了新时代脱贫攻坚目标任务，现行标准下农村贫困人口全部脱贫，贫困县全部摘帽，消除了绝对贫困和区域性整体贫困，近1亿贫困人口实现脱贫，取得了令全世界刮目相看的重大胜利。"

总的来说，发展农业现代化，充分发挥农业科技人员和基层农技人员在农业产业扶贫和乡村振兴中的支撑作用，培育、发展和壮大相关产业是实现带动贫困地区群众脱贫致富的好方法。

---

① 图表：四十年来脱贫攻坚成就显著. http://www.gov.cn/xinwen/2018-09/02/content_5318618.htm[2021-09-20].

"民以食为天"，农业、农村、农民（简称"三农"）问题关乎国家长治久安。2004年以来，每年的中央一号文件都聚焦"三农"主题，讲述中国经济的故事，也要从"三农"开始讲起。

"三农"有两条主线：一是改革，家庭联产承包责任制掀开了中国改革开放的序幕，以农村土地管理制度为基础的一系列改革，重构了农业发展的激励约束机制，是"三农"领域天翻地覆巨变的制度基础；二是发展，现代农业产业体系、生产体系、经营体系的建立和逐步完善，提高了农业的全要素生产率，推动中国逐步实现从传统农业向现代农业的跨越转型。"褚橙"的故事正是这两条主线的生动反映。

2021年实现全面脱贫后，"三农"工作重心已由集中脱贫攻坚转向全面推进乡村振兴。随着农村集体经营性建设用地入市流转、现代农业产业技术体系建设等一系列重大举措的推进，"三农"领域的改革与发展向纵深推进。可以预见，更多像"褚橙"一样的农业现代化企业将续写更精彩的中国"三农"故事。

第二章

城乡融合与乡镇企业转型升级

广东省佛山市顺德区的北滘镇，不到100平方千米的土地，2022年成为全国第四个GDP超千亿元的经济强镇，培育了两家世界500强企业，即美的集团股份有限公司（简称美的集团）和碧桂园物业发展有限公司。

北滘镇原是顺德区较为贫穷的一个小村镇，工业基础在顺德区垫底。眼看别的镇都靠工业富起来了，面对一穷二白的现状，北滘镇领导决定"先当债主，后当财主"，冒着风险向银行担保贷款。政府搞项目、拆资金、销产品、谈合同、聘人才，北滘镇的工业就这样在艰难的情况下起步了。

家电是北滘镇最重要的支柱产业。北滘镇家电产业"核聚变"的原动力，可追溯到20世纪90年代的产权制度改革。政府大胆放手、市场主导，美的集团一路披荆斩棘，中小企业紧随龙头企业美的集团做配套、做供应。正是这种"榕树效应"带动了北滘镇整个家电上下游产业带的发展。其后，随着经济全球化加速，以美的集团为首的一批龙头民营企业开始在全国乃至海外布局。北滘镇通过打通家电产业链，增强民营企业扎根北滘镇的信心，将营销、财务、研发等高附加值的环节留在北滘镇，使北滘镇成为全球家电产业发展的核心区域之一。

第一节 美　　的

一、从乡镇企业到世界 500 强

美的集团1968年成立于中国广东省佛山市顺德区，秉承用科技创造美好生活的经营理念，经过50多年砥砺前行，已发展成为一家集智能家居、楼宇科技、工业技术、机器人与自动化、数字化创新五大业务板块为一体的全球化科技集团。美的集团的产品及服务惠及全球200多个国家和地区，形成包括美的、小天鹅、东芝、华凌、布谷、COLMO、Clivet、Eureka、库卡、GMCC、威灵、菱王、万东在内的多品牌组合。美的集团的发展史如图2.1所示。

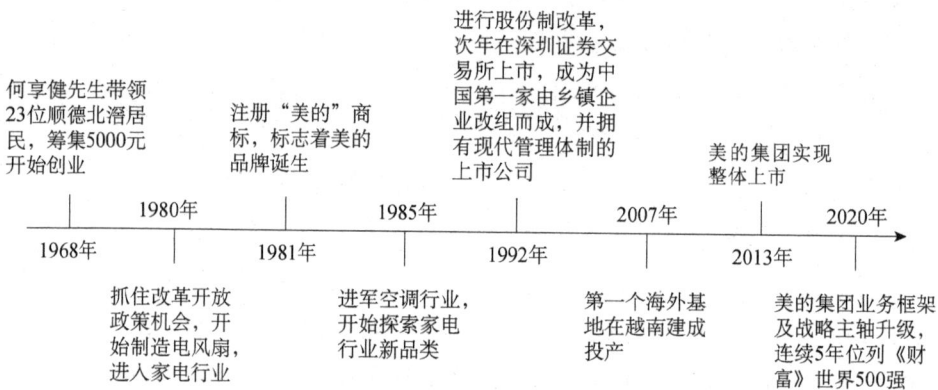

图 2.1　美的集团发展历程

二、改革创新，建立现代企业制度

美的集团刚刚成立时，曾叫过"北滘公社"。1978年以前，建立在计划经济体制基础之上的土地集体所有制和户籍制度将中国经济分割成城市和农村两大相互独立、相互封闭的经济体系，形成了典型的二元经济结构。在这种特殊的背景下，产生了一大批"社队企业"来改善持续的供不应求的社会矛盾。随着改革开放的不断深化，市场化机制的不断健全，1984年废除了"人民公社"制度，社队企业更名为"乡镇企业"。美的集团也在1984年去掉了长年挂在公司名中的"北滘公社"字样①。

1992年，国务院决定选择少数上海、深圳以外的优质股份公司到上海、深圳两家证券交易所上市，公开发行股票。美的集团主动请缨，争取作为股份制产权改革的"试验田"。同年，美的集团正式进行股份制改革，发行职工内部股，鼓励员工购买公司股票，并成立了广东美的集团股份有限公司，逐步建立起了现代企业制度。1993年11月12日，美的集团成功在深圳证券交易所挂牌上市，成为中国第一家由乡镇企业改造的上市公司。

1996年，美的集团已能生产包括空调、电风扇、电饭煲在内的五大类1500个品种的产品，但集团统一管理生产、销售，基层缺乏动力和压力。美的集团决定在管理结构上做出重大调整，引入风头正盛的日本家电巨头松下电器实行多年的事业部制——每个事业部实行独立核算，负责产品的研发、生产和销售。从1997年起，美的集团的直线式管理架构被废除，"集权有道，分权有序，授权有章，用权有度"成为美的集团新的管理词条。在此次组织变革中，美的集团以产品为中心设置空调、风扇、厨具、电机、压缩机5个事业部。集团将利润目标下放，各事业部以利润为中心，各事业部下属工厂以成本为中心。摆脱了部门之间的利益纠缠，美的集团由此抽出身来，站在新的高度进行决策。经过事业部制改造，美的集团成为投资、监控和服务中心，促进了企业经营指标的快速增长。转眼到了1998年，这一年是美的集团的30周岁生日，事业部制的推进开始取得成效，收入和利润双回升。也是在这一年，美的集团正式走出了广东，走向全国。

之后，美的集团在公司产权改革上进一步发力，实施了管理层收购（management buy-outs，MBO）。管理层收购属于杠杆收购的一种，是公司管理层利用借债所融资本收购本公司的股份，从而改变公司所有者结构、相应的控制权格局的金融工具。

在业内看来，美的集团就是经理人的"黄埔军校"。2019年，界面新闻发布了"中国上市公司优秀职业经理人"榜单，这是中国第一份评价职业经理人的榜单，共评选出了50位优秀的上市公司职业经理人。美的集团在其中占据4席，其中董事长兼总裁方洪波在榜单中位列第五。

---

① 陈光. 何享健. 中国实业界最神秘最成功的大佬. 时代邮刊, 2018, (4)：52-53.

三、技术创新，启迪美的世界

1. 研发创新，做技术领军者

美的集团持续加强研发投入，布局全球优势研发资源，构建六大研发中心，涵盖33个研究领域，形成从共性基础技术到个性化关键技术的技术图谱。美的集团通过跨界融合、人工智能、数字仿真上的技术突破，不断创新升级产品，2017～2021年研发投入达400亿元，积极推动行业发展。截至2021年底，美的集团专利授权维持量达5.7万件，授权发明专利连续四年家电行业第一，以产品领先实现产品质量与技术含量双提升。

美的集团创建四级研发体系，着力构建"4+2"全球化研发网络，在11个国家建立28个研发中心，其中海外研发中心18个。通过整合研发资源，加速技术研究，实现本土化开发，逐步建立研发规模优势。加强对外合作，深化战略项目研究，整合全球优势技术资源，实现全球融智的开放式创新。四级研发体系、全球研发布局、开放式创新形成了美的集团独具特色的开放式三维一体的创新体系。

2. 勇立潮头，做跨界技术

核心技术决定企业的竞争力。某些百年企业之所以能在残酷的市场竞争中屹立不倒，正是源于核心技术的积累。如果不想做一个追随者，而是想在发展中勇立潮头，借助跨界技术有利于实现技术创新与突破。

美的集团通过不断借鉴不同行业的创新技术，将各类跨界技术引入产品设计和工艺制造来提升产品的性能。例如，为了让空调、净化器和风扇的送风更精确，美的集团研发人员从航空涡轮中获得灵感，把空气动力的对旋技术应用到所有和空气动力相关的产品中；大胆借鉴潜艇发射导弹的降噪技术，利用微穿孔降噪来降低产品使用过程中的噪声，将降噪技术成功地应用在吸尘器、破壁机、电饭煲等产品上；参考太阳能光热发电创新家电相变蓄热技术，实现高蓄能密度，大幅缩小储水热水器的体积，使其比普通热水器体积缩小了60%，但热效应非常高，能够出更多的水，且安全无水垢。

美的集团推出了跨界应用航空技术的无风感空调新品柜机。无风感新品空调是在无风感技术的基础之上，加载了航空涡轮对旋技术，从而实现了产品在功能上的升级。航空涡轮对旋技术的应用能使空调送出双层远近循环气流，实现全厅均匀凉意。这是美的空调首次将代表工业制造最高水平的航空发动机技术应用到空调产品上，实现了跨界的突破。

3. 全面数字化，全面智能化

2012 年，美的集团正式启动数字化 1.0，并制定了"一个美的、一个体系、一个标准"的战略方针，实行全面数字化变革。其中，"T+3"模式依托数字化深化，聚焦终端用户的实际需求，实现全链路动态可视，快速满足市场差异化、定制化需求。美的集团做到了从产品生产，到物流系统配合、供应链配套的全过程"一盘货"运作。

2020 年，美的集团迎来了"全面数字化、全面智能化"的重要转型。以美的工业互联网平台、美云销平台、物联网（IoT）生态平台三个业务中台，支撑用户全价值链数字化卓越运营。企业研产销等所有的业务、流程、模式、工作方法、运营与商业模式等都是通过软件和数字化驱动，努力为用户提供全场景服务和更多优质生态增值服务，推进产品转型升级，实现消费者业务（ToC）和对公业务（ToB）并重发展，打造美的智慧生活的生态圈层。

2020 年，美的集团推出高端系列——微晶冰箱，在行业上掀起一轮"微晶现象"，其高端智能家电品牌 COLMO 和比佛利在高端洗衣机市场表现持续抢眼。总的来说，在"数智化"战略持续推动和三大平台的支撑下，美的集团越来越不像是一家单纯的"制造业企业"，一个传统的家电企业正在"裂变"为多个。

思考题 ------------------------------------

1. 从产品和经营两个角度，分析美的集团成长为全球家电行业龙头企业的经验。

2. 中国乡镇企业的发展模式有哪些？在中国经济发展中，乡镇企业发挥了怎样的作用？

3. 中国乡镇企业未来该如何走？

第二节　乡镇企业，曲折发展

一、乡镇企业的模式

我国乡镇企业自出现就发展迅猛，成为农村经济的主体力量，是国民经济的重要组成部分。改革开放以来，苏南、温州、珠江地区突破计划经济的束缚，成为中国经济最强的增长极。同时，由于中国幅员辽阔，地区发展之间的差异性区分了三大区域经济发展模式。如表2.1所示，苏南模式以乡镇企业遍地开花著称，温州模式以个体经济蓬勃兴起闻名，珠江模式则以外向型经济主导为代表①。

表 2.1　乡镇企业三大模式

模式	主要特点	具体表现
苏南模式	乡镇企业遍地开花	农村不仅搞农业，还发展工业，促使多种多样的工业企业不仅集中在少数城市，还尽可能地分散到广大农村地区，实现"工业下乡"
温州模式	个体经济蓬勃兴起	放手发展民营经济，依靠家庭积累发展家庭工业，依靠农民个人头脑发展中介服务，敢闯敢干，搜寻世界各地的资源，形成了"哪里有市场哪里就有温州人"的局面
珠江模式	以外向型经济主导	发挥紧靠港澳和海外联系紧密的优势，积极发展外向型经济，从国外进口产品，大力引进外资企业，加快工业化进程

1. 苏南模式

江苏无锡、江阴、常熟等是20世纪80年代初期苏南地区工业最发达的地方。苏南模式则是围绕这些核心地区发展起来，其实质是一种新的工业化模式。区别于西方传统工业化"城市—工业，农村—农业"的发展道路，在苏南模式中农村不仅搞农业，还发展工业，促使多种多样的工业企业不仅集中在少数城市，还尽可能地分散到广大农村地区，实现"工业下乡"。以无锡洛社镇为例，20世纪80年代初以1万元贷款、2间平房起家的洛社镇模具厂，将当地过剩的农业劳动力转化为产业工人，走上了非农业化发展道路的集体经济，实现了洛社镇制造业的遍地开花，并于90年代中期获得"华夏第一县的效益第一镇"美誉，其工业产值在经济总产值中占据绝对主导地位。

---

① 宋林飞. 中国"三大模式"的创新与未来. 南京社会科学, 2009, (1): 1-6.

2. 温州模式

温州模式的基本特点是以商带工的"小商品，大市场"，直接在消费者和生产者之间建立起一个民间自发的遍及全球的流通网络。放手发展民营经济，依靠家庭积累发展家庭工业，依靠农民个人头脑发展中介服务，敢闯敢干，搜寻世界各地的资源，形成了"哪里有市场哪里就有温州人"的局面。乐清市是"温州模式"的发祥地，改革开放前，温州人均耕地只有0.3亩，资源极度匮乏，但他们从敲敲打打的小作坊起步发展电工电气产业，走南闯北"干个体、跑供销、练手艺"，最终使温州成为全民经商、全民富裕的民营经济"大本营"。

3. 珠江模式

珠三角毗邻港澳，"珠江模式"的内涵是发挥紧靠港澳和海外联系紧密的优势，积极发展外向型经济，从国外进口产品，大力引进外资企业，逐渐从农村经济模式不断向更广泛联系市场的区域经济发展模式扩展，加快工业化进程。20世纪80年代中期，国内开始流行化纤布，靠近香港的佛山建成购买布料的纺织专业市场；80年代末，国内铝制材料需求逐渐旺盛，香港又兴起了铝材专业市场。珠三角借助地理优势与香港形成了前店后厂的格局，并以此推动了地区经济的发展。

二、发展历程

乡镇企业的发展，对促进国民经济增长和支持农业发展，增加农民收入和吸纳农村剩余劳动力，壮大农村集体经济实力和支持农村社会事业，逐步实现农村城镇化都发挥了不可替代的重要作用。我国乡镇企业从无到有、从小到大，经历了曲折、漫长的发展历程（图2.2）。

1. 从社队企业到乡镇企业

20世纪70年代我国沿海地区社队企业率先发展并带动了全国乡镇企业的发展。1970年国家提出了在农村利用本地资源，兴办为生产、生活服务的小工厂。在东部沿海地区，由于人口增长过快和人多地少等各种矛盾十分突出，发展社队企业已成为转移农村剩余劳动力、壮大集体经济的迫切需求。因此，沿

1970~1984年 —

> 1970年社队企业出现，并迅速发展；1979年《中共中央关于加快农业发展若干问题的决定》明确提出，社队企业要有一个大发展时期；1984年社队企业更名为乡镇企业

1985~1996年 —

> 1985~1991年，乡镇企业调整整顿，开始走出国门；1992~1996年，乡镇企业高速发展，个体、私营企业增多

1997年至今 —

> 1997年，乡镇企业实行产权制度改革，重新界定乡镇政府与企业的关系，乡镇企业转型为个体、私营企业

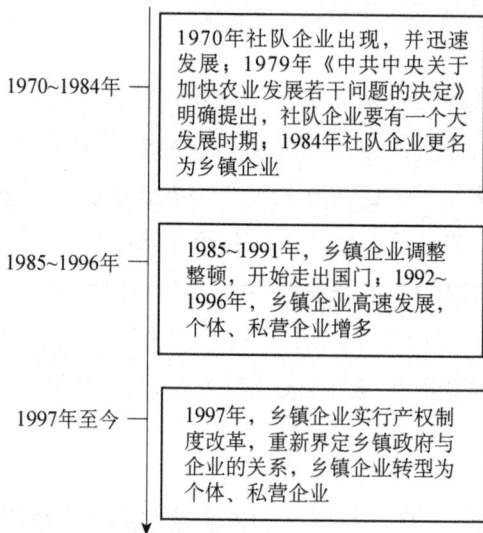

图2.2　乡镇企业发展历程

海地区社队企业率先兴起并带动全国乡镇企业有了较大发展。到70年代中后期，社队企业迅速发展的势头尤为突出，1974年社队企业总产值为180.9亿元，到1978年已达493亿元，4年共增长1.7倍，年均增长速度达到28.5%[①]。

　　1984年，中共中央的"一号文件"为社队企业大发展鸣锣开道，"现有社队企业是农村经济的重要支柱"，建议各省（自治区、直辖市）"可选若干集镇进行试点，允许务工、经商、办服务业的农民自理口粮到集镇落户"。1984年，《中共中央、国务院转发农牧渔业部和部党组〈关于开创社队企业新局面的报告〉的通知》将社队企业正式改名为乡镇企业，并指出乡镇企业已成为国民经济的一支重要力量，是国营企业的重要补充。

　　2. 乡镇企业三分天下有其一

　　1985～1991年，乡镇企业在调整中发展。这一时期由于国民经济结构矛盾加剧，社会供求总量失衡，不得不进行治理整顿。随着城市改革的推进，国有企业和城镇集体企业承包制的改革也在逐渐深入，城乡企业同构同质情况增加，乡镇企业在竞争中处在相对被动的局面。中央政策的调整，国有企业、城镇集体企业的挤压，市场环境的变化致使乡镇企业发展乏力，有些方面甚至出

---

　　① 新中国50年系列分析报告之六：乡镇企业异军突起. http://www.stats.gov.cn/ztjc/ztfx/xzg50nxlfxbg/200206/t20020605_35964.html[2021-09-20].

现了负增长。此时，国家明确提出要发挥中小企业特别是乡镇企业在出口贸易中的重要作用，加强乡镇企业出口体系建设，并要求对乡镇企业出口给予新的扶持政策，等等。由此，开辟了乡镇企业发展的另一片天地，使外向型的乡镇企业有了长足的发展。1991年乡镇企业完成出口交货值7 891 217元，比1988年增长了近200%，占全国出口商品总值的比重由15.2%提高到了29.7%[①]。

1992～1996年是乡镇企业发展的高峰期。1992年邓小平南方谈话和中国共产党第十四次全国代表大会为乡镇企业发展带来了新的生机。1992年3月发布的《国务院批转农业部关于促进乡镇企业持续健康发展报告的通知》和1993年2月发布的《国务院关于加快发展中西部地区乡镇企业的决定》，为乡镇企业的改革与发展创造了空前良好的外部环境，使乡镇企业进入了一个新的发展阶段。这一阶段乡镇企业的发展有三个特点：一是出现了全国性外向型经济发展的新趋势。三资企业加速增长，投资地域由沿海向边境及内陆延伸，投资主体由我国的港、澳、台扩展到欧美及东南亚各国。二是乡镇企业中的个体企业、私人企业增长迅猛。1993年，党的十四届三中全会通过的《中共中央关于建立社会主义市场经济体制若干问题的决定》使个体企业和私营经济赢得了同公有经济同等重要的政治地位。三是由于乡镇企业勤练内功，规模增大，市场竞争能力有所提高，由此成为国民经济中举足轻重、与国有企业并驾齐驱的生力军。1996年，乡镇企业单位数23 363 285个，乡镇企业从业人员135 082 851人，增加值176 592 964万元，总产值767 776 437万元，营业收入683 431 496万元[①]。

3. 改制转型开辟新的天地

乡镇企业在经历了十几年的高速发展后，步入了低谷，主要原因是乡镇产权制度存在缺陷。一是产权主体缺位。乡镇集体企业是在农民集体资金创办的企业基础上发展起来的，其资产所有权应归属所在社区农民。但在现实中，农民既无决策权又无监督权，只是名义上的所有者。二是政企不分，由于乡镇集体企业产权主体缺位，产权自然就落入了乡村行政组织手中。乡村行政组织集政权、财权于一身，控制着企业的投资决策、收益分配、人事任免和资产处置等。

---

① 王盛开，吴宇. 改革开放以来乡镇企业的发展特点与政策取向. 北京行政学院学报，2012，(4)：85-89.

1997年3月，《关于我国乡镇企业情况和今后改革与发展意见的报告》发布，将产权改革放在重要的位置，乡镇企业实行产权制度改革，大部分乡镇企业变成了个体企业、私营企业。乡镇集体企业改革的根本途径是对规模小的企业进行拍卖，对规模大的企业实行股份制改造。至2000年底，曾经以集体所有制乡镇企业蓬勃发展而闻名的苏南地区，85 000多家的乡镇集体企业中已有93.2%摘下了"集体经济"的帽子①。

乡镇集体企业的产权改革主要是重新界定乡镇政府与企业的关系，其中重要的是政府退出企业的所有者身份。政府不再以集体经济代表的名义实行控股，企业资产更多地界定到了个人。集体股比重急剧下降，有的企业则完全取消。股权向经营者集中，原有企业经营者通过购买和扩股的方式获取了企业大部分财产所有权。经营者以自己的财产承诺行使企业控制权，承担经营风险并获取剩余收益。企业所有权逐步转移至经营者手中。乡镇集体企业在这一次改制中转移至企业经理人手中，改制后企业较多地显示出民营企业的特点。乡镇企业的内涵已发生改变，由传统集体所有制企业转变为私营或股份制企业。

第三节　城乡融合，协同发展

在现代农业与工业紧密联系的背景下，城乡融合是非常重要的选择，旨在通过统一布局，促进经济联动，实现生产力分工优化，从而产出更高的经济效益②。因此，协调处理好城乡关系是在国家经济社会发展中必须面对的核心问题，也是对于一个拥有14亿人口的发展中大国在现代化建设中具有战略意义的重大课题。

一、城乡融合的发展进程

中华人民共和国成立初期，中国是一个典型的农业国家。为了实现由农业

---

① 赵小剑，辛桦. 回眸改制话乡企. 江苏农村经济，2001，(8)：7-12.
② 邹晓彧，王捷. 改革开放以来城乡融合发展的历史演变与前瞻. 沈阳农业大学学报（社会科学版），2021，23（1）：86-91.

大国向工业强国的转变，中国政府开始实行重工业优先发展战略，逐步建立起城乡分割的体制，即城乡二元经济体制。中国社会也开始实行城乡差异的发展模式，主要表现为政府干预下的不平等交换、农业为工业提供剩余、农村为城市发展做贡献等。改革开放之后，国家开始重点解决城乡不均衡发展的问题，逐步推进城乡融合发展。城乡关系的演变经历了四个阶段，即城乡关系调整改革阶段、城乡统筹阶段、城乡一体化阶段、城乡融合阶段。

1. 城乡关系调整改革阶段

改革开放之后，党和国家的工作重心转到社会主义现代化建设上来，对农业的投入进一步加强，城市对农村的支援也逐渐增加，逐步进入城乡发展的调整改革阶段。但这项以农村为改革重点的城乡协调发展战略并没有得到持续发展，改革的重心很快由农村转移到城市，这也造成了工农剪刀差的进一步扩大，城乡之间的产业经济发展程度、人们生活水平都存在较大差距。

面对这样的局势，1995年党的十四届五中全会提出，把加强农业放在发展国民经济的首位[①]，引导第二产业、第三产业加强对农业的支持，城乡之间的联系更加紧密，城乡二元制的经济结构不断被打破，形成了"以工补农、以工建农、以工带农"的机制，具体表现为小城镇建设开始有计划地进行，乡镇企业得到发展。由此，农村经济得到了快速发展，但不可否认，农村经济的提升仍无法弥补城乡之间的较大差距，如图2.3所示，城乡关系还有待进一步统筹发展。

2. 城乡统筹阶段

进入21世纪，城乡发展的均衡性问题得到广泛重视。2003年10月，党的十六届三中全会明确提出统筹城乡发展，核心是要解决城乡收入差距加大、城乡之间发展不平衡、城乡居民享受公共服务不均等问题。这一时期，工业反哺农业成为促进城乡统筹发展的方针，"多予、少取、放活"则是保护农村发展、扭转城乡差距扩大趋势的基本政策，具体表现为对农业、农村、农民的投入大幅度增加，免除农业生产缴税，这有效推动了社会主义新农村建设，为更高水平的城乡融合发展做足了准备。

---

① 中国共产党第十四届中央委员会第五次全体会议公报. http://www.scopsr.gov.cn/zlzx/ddh/ddh17_3963/ddh175/201811/t20181121_329065.html [2022-03-23].

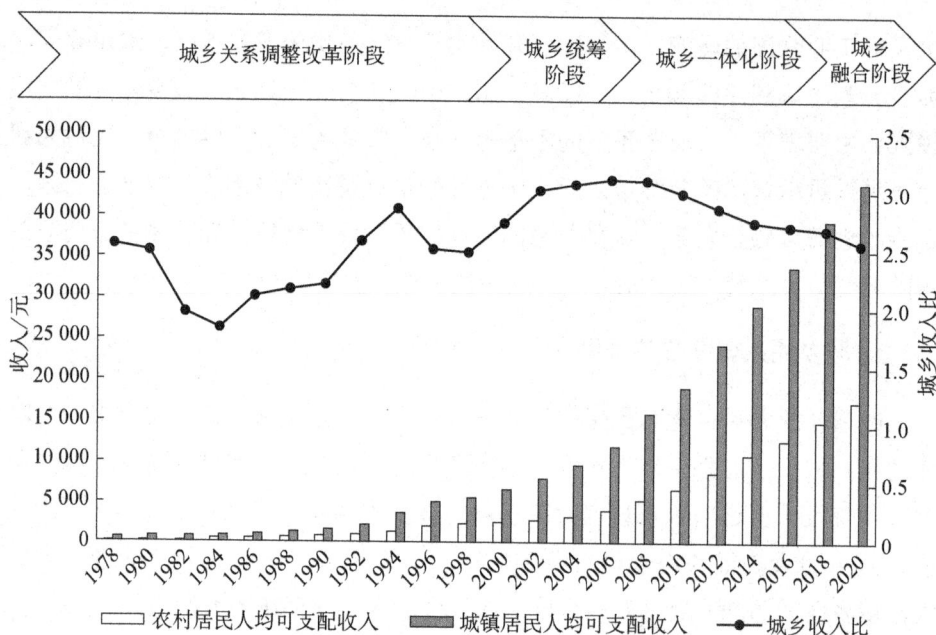

图2.3　1978～2020年中国城乡收入变化趋势

资料来源：根据国家统计局网站（www.stats.gov.cn）发布数据整理得出

3. 城乡一体化阶段

2012年，党的十八大进一步提出，加快完善城乡发展一体化体制机制，着力在城乡规划、基础设施、公共服务等方面推进一体化，促进城乡要素平等交换和公共资源均衡配置，形成以工促农、以城带乡、工农互惠、城乡一体的新型工农、城乡关系，推进了乡村迅速发展，城乡收入比有了一定程度的下降。但由于乡村在发展过程中仍具有一些短板，如何破解城乡二元经济体制和社会体制成为这个时期的难点和重点。

4. 城乡融合阶段

十八大以来，中国特色社会主义进入了新时代，以习近平同志为核心的党中央对推动形成工农互促、城乡互补、协调发展、共同繁荣的新型工农城乡关系作出了明确部署。多措并举、攻坚克难，加快梳理和破解城乡融合发展堵点，才能为全面推进乡村振兴开山凿路、积势蓄能①。这一阶段农业农村地位

---

① 加快城乡融合发展步伐（新论）——以更大力度推动乡村振兴. http://theory.people.com.cn/n1/2021/0122/c40531-32008096.html[2022-05-24].

显著提高，城乡经济联系密切，人口流动加快，资本往来频繁，覆盖城乡的公共服务体系框架初步建立。总的来说，从"统筹城乡发展"到"城乡发展一体化"，再到"城乡融合发展"，中国农村和城市人口人均收入水平都有了显著提升，且近年来城乡收入差距逐渐减小。

在城乡收入差距逐渐减小的同时，中国城乡融合发展的体制机制建设不断完善。例如，农业转移人口进城落户的门槛不断降低，农村土地制度改革取得新突破，城乡一体的基本公共服务、基础设施建设等均取得了显著成效。截至2018年底，城乡居民基本医保覆盖13.5亿人、大病保险覆盖10.5亿人，基本养老保险覆盖9.4亿人；99.6%的乡镇、99.5%的建制村通了硬化路，99.1%的乡镇、96.5%的建制村通了客车，95%的建制村连接了4G网络①，农村居民的生活水平有了显著提高。

二、城乡融合发展的基本经验

改革开放以来，城乡关系从统筹到一体化再到融合发展，政府和市场的互动耦合作用更加明显、乡村和城市成为互动共生的有机整体、要素流动从单向流动转向双向流动。

1. 不断向农民赋权

改革之初，家庭联产承包责任制通过赋予农民自主经营土地的权利，迅速解决了农民自身的温饱和收入增长问题，显著缩小了城乡收入差距。向农民赋权，释放了农民生产劳动的积极性和创新潜力，促进了农村经济发展，提高了农民收入水平，让农村改革和发展能尽量符合农民的意愿。

2. 坚持改革的渐进性

通过考察城乡关系演进的过程，可以发现新的政策和改革都是以渐进的方式出现的，如党的十四届五中全会、十六届三中全会、十八大等逐步提出了城乡发展的相关政策措施，而且取得了非常好的效果。因此，改革必须与经济发展阶段相适应，在特定阶段用特定方法解决特定问题能够有效降低改革的风险

---

① 城乡融合发展 释放最大潜力. http://www.gov.cn/xinwen/2019-05/07/content_5389235.htm [2022-03-25].

及阻力。

3. 坚持市场化改革取向

提高市场资源配置在中国城乡融合发展进程中发挥了重要作用。例如，在城乡融合发展进程中，乡镇企业异军突起，在城乡关系良性发展的进程中发挥了重要作用，实实在在带动了农村经济的发展，给大量的农村劳动力提供了就业机会，为农村经济发展提供了必要的前提条件，改变了农村地区的生活面貌，促进了城乡融合发展，其发挥的主要作用体现在以下几个方面。首先，乡镇企业推进城乡融合发展贯彻以人为本的理念。通过发展乡镇企业，截至2015年已有1.65亿农民实现充分就业，过上了城镇化的生活。其次，乡镇企业在城乡融合发展过程中起着产业支撑的作用，主要体现在全国2000多万家乡镇企业有80%集中在乡镇①，人的聚集、产业的聚集为城镇发展打下了坚实的基础。再次，依靠产业集群带动，园区与社区、镇区、城区得到有效结合，大中小城市和小城镇合理分工、功能互补、协同发展，城镇发展的空间得到拓展。最后，实现城乡双向互动，通过发展乡镇企业，一大批人才流、资金流、产品流，已从过去的单向流入城市，变为城乡间双向流动。也正是因为乡镇企业的发展，城乡经济发展充满生机、活力与潜力，城乡面貌焕然一新，进而促进了城乡融合发展。

总的来说，乡镇企业在推进城乡融合发展进程中的功绩有目共睹，其所发挥的现实作用必须给予充分肯定。进入中国特色社会主义新时代，继续发挥乡镇企业的重要力量，需要继续以改革创新为动力，更加注重质量效益、更加注重资源环境保护、更加注重科技人才、更加注重结构优化，大力推进乡镇企业转型升级发展，打造新时代的中国乡镇企业。

第四节　打造新时代的乡镇企业

党的十九大报告明确指出，中国特色社会主义进入新时代，我国社会主要矛盾已经转化为人民日益增长的美好生活需要和不平衡不充分的发展之间的矛

---

① 杨绍品. 充分发挥中国乡镇企业在推进新型城镇化中的重要作用. 农业工程技术，2015，（2）：60-63.

盾。这种不平衡不充分的问题体现在城市和乡村发展的不平衡以及不同地区之间农村发展的不平衡，为此党和政府提出了乡村振兴战略。

一、新时代的乡镇企业

乡村振兴战略是一个涵盖农业、生态、文化、经济、生产等多方面的全面振兴战略，主要表现为农业优先发展、重点实现产业振兴、推动农村一二三产业融合发展，对促进农业发展、提高农村经济发展水平、改善农民生活的乡镇企业的发展起到重要作用，也促使新时代的乡镇企业表现出新的特征（表2.2）。

表 2.2　新时代乡镇企业经典案例

	发展特点	具体表现
大禹节水	面临良好的经营环境	借农业农村发展政策春风，开创发展新格局
褚橙	与电子商务相结合	创新销售渠道，与拼多多达成战略合作
盛昶石油机械	受益于科研成果转化	校企合作，建立研究生培养基地，得到人力和智力支持

1. 乡镇企业面临良好的经营环境

乡村振兴战略是乡镇企业实现转型发展的重大历史机遇，是国家给予其发展的政策红利。大禹节水集团股份有限公司（简称大禹节水）是"节水灌溉第一股"，借着农业农村发展政策春风，已经由甘肃酒泉一家名不见经传的小公司发展成为全国龙头行业。尤其是近年来在乡村振兴战略背景下，大禹节水着力改善农村供水条件、提高用水保障率，真正解决了农民取水难、饮水不安全的问题，更在甘肃引洮供水、中部生态移民扶贫开发、城乡一体化供水等方面取得了喜人成果，开创了良好的发展新格局。

2. 乡镇企业与电子商务结合

电子商务将农村优质农副产品面向全国更大的市场进行销售，并随之建立起完整的供销产业链。近年来，"直播+电商"等网购新方式更是风生水起，越来越多的消费者通过观看网络直播下单直接购物，缩短了买卖双方之间的物理距离，给乡镇企业带来了新机遇。例如，本书第一章的案例——褚橙，一经北上就采用了企业对消费者（business to consumer，B2C）结合消费者对消费者（consumer to consumer，C2C）的方式，选择在本来生活网与淘宝网进行销售，在打开产品销售渠道的同时，也获得了大量年轻消费者的关注。他们对产品的质量要求相对较高，对产品价格不敏感，由此价格相对较高的褚橙需求量得到有效提升。2019年10月，褚橙与电商平台拼多多达成了战略合作协议，进一步实现产品销售渠道的创新升级。

3. 乡镇企业受益于科研成果转化

乡村振兴战略的实施也促使那些原来停留在实验室的众多科研成果转化下乡，推进乡镇企业的高质量、高产量发展。近年来，东营盛昶石油机械有限公司（简称盛昶石油机械）在加快经济产业过程中遇到了人才瓶颈，在与中国石油大学（华东）展开校企合作、建立研究生联合培养基地后，得到人力和智力支持。以具体科研项目为载体，在推进科研成果转化的同时也推动了企业科技进步。

综上所述，乡村振兴战略有效推进了乡镇企业的良性发展。但随着新时代中国经济发展速度越来越快，市场竞争越来越激烈，乡镇企业也暴露出一些亟须解决的问题。

一方面，企业面临一定程度的融资困难。首先，乡镇企业的创新能力、市场竞争力不够，受限于企业所处地理位置，企业很难招到合适的人才，其大部分的经营管理者都是当地的农民，普遍能力有所欠缺且目光不够长远，同时企业得不到很好的宣传，导致其不能在市场上获得竞争优势。其次，企业的规模相对较小，且大多数企业的在岗会计人员都是高层管理者的亲属或好友，他们不具备专业的财务会计知识，且存在一定的委托代理问题，导致企业财务账目管理上的不严谨，甚至会有呆账、坏账现象的发生[1]。

另一方面，企业缺乏现代企业管理制度，人力资源配置相对落后。例如，乡镇企业的人力资源管理部门仍处于传统管理状态，乡镇企业很难意识到人力资源管理的重要性，虽然在一定程度上获得了人力和智力的支持，但其缺乏人才资源的劣势仍十分明显，尤其是机械制造、电子等行业更需要熟练的、高技能的工人以及具备创新能力的企业管理者。再加上其他市场竞争主体快速发展，尤其是

---

① 王辛玉，邵冠男. 乡镇企业融资存在的问题及对策. 农村经济与科技，2017，28（15）：145-146.

国有大中型企业、各种城市外资企业、非国有企业等具备资金、技术、人才、产品等一系列优势，使得乡镇企业面临巨大的竞争压力①。可以看出，随着社会的发展，新时代的乡镇企业面对的内外部环境都发生了许多变化，因此需要找寻新的发展路径和策略来振兴乡镇企业，以促进乡镇企业的健康发展。

二、打造新时代乡镇企业的路径与策略

新时代的乡镇企业面对发展的困境，不能一直沿袭旧路，转型与创新是它们继续生存、发展的必然选择。同时，考虑到新时代的发展特点，打造适应新时代的乡镇企业应从以下五个方面着手，如图2.4所示。

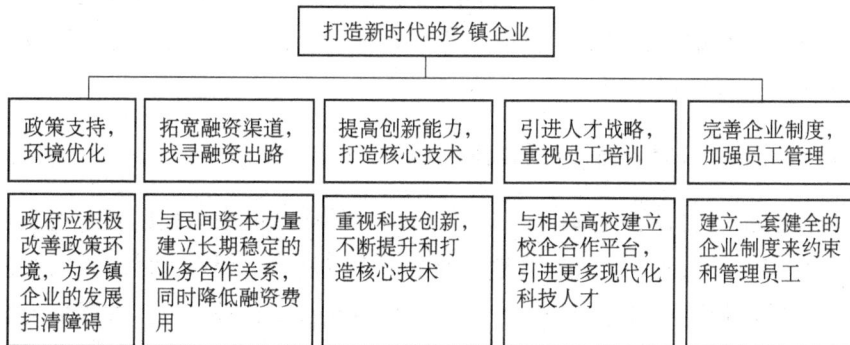

图2.4　打造新时代的乡镇企业

1. 政策支持，环境优化

乡村振兴战略的大力推行已然为乡镇企业的发展营造了良好的经营环境，并取得了良好的成效。因此，在打造新时代乡镇企业的过程中，政府应积极地改善政策环境，为促进乡镇企业的发展进一步扫清障碍，助力新时代乡镇企业更好地满足社会主义市场经济的要求，为乡镇企业发展开拓发展空间，创造发展机遇，为乡镇经济高质量发展提供良好的环境和优质的服务。

2. 拓宽融资渠道，找寻融资出路

乡镇企业大多存在信用等级信息不全面的问题，要从银行等金融机构获得

---

① 薛英. 对新时期乡镇企业转型的思考. 中国集体经济，2015，（19）：2-3.

贷款相对困难，更不用说通过上市发行股票债券等方式，因此对于乡镇企业来说，应充分转移注意力，依靠民间资本的力量解决企业融资的问题，积极与民间资本建立长期稳定的合作关系成为乡镇企业融资的重要途径。与此同时，乡镇企业还可以争取更低的融资费用，尽量节省融资成本，为企业发展和转型奠定资金基础。

3. 提高创新能力，打造核心技术

创新是一个民族发展的不竭动力，对于乡镇企业来说，应重视科技创新，不断打造和提升核心技术，这是其得以持续发展的前提和根本。例如，美的集团通过不断加强技术研发投入，构建全球研发网络，形成独具特色的开放式三位一体创新体系。在新时代的发展背景下，数字化、智能化已成为发展趋势，乡镇企业应积极提出创新投入方式、打造合作平台的具体措施，把握经济社会转型发展的重要机遇。

4. 引进人才战略，重视员工培训

科技创新与发展的关键在于人才，因此乡镇企业的未来发展必须重视人才的引进和培养。因此，为推动乡镇企业的健康发展，需要有人才培养的意识，主动与相关高校建立校企合作平台，引进更多现代化科技人才，并鼓励当地应届毕业生投身到家乡建设中。与此同时，乡镇企业还应促进员工整体文化素质的提升，可以通过加强培养、培训的方式提升员工的技能和水平。

5. 完善企业制度，加强员工管理

在知识经济和信息技术日新月异的时代背景下，无论是生产部门、行政部门，抑或是销售部门，都应有一套完善的专属职责要求。因此，为约束和管理员工，推进企业在管理思想和管理模式上发生变革，乡镇企业需要建立一套健全的现代企业制度。例如，制定员工工作手册、提供岗前培训等不仅在增强员工工作的严谨性与规范性方面具有重要作用，还能够促使员工高效快捷完成岗位工作内容，提高工作效率，节约生产成本，减少生产消耗。

　　乡镇经济的崛起是中国经济的特殊现象。从经济学家张培刚到社会学家费孝通，中国学者早就认识到中国的现代化不能照搬西方的工业化道路，而应从国情出发走农村工业化与城镇化的路子。改革开放后，乡镇工业的异军突起验证了他们的远见。经济学家林毅夫指出，中国是一个发展中国家，对于发展中国家来说，农业是重中之重，这和"农村包围城市"的毛泽东新民主主义革命道路理论完全吻合。某种程度上说，乡镇经济的发展是最富有"中国特色"的经济故事。

　　乡镇经济的发展具有多重意义。首先，它促进形成了农业经济部门、农村工业经济部门和城市工业经济部门共同组成、相互作用、相互依存的"三元经济"体系，充分利用中国的资源禀赋和比较优势推动了经济增长。其次，乡镇企业生产的主要是政府计划之外的产品，乡镇经济规模的迅速扩大，成为计划经济向市场经济转型的巨大推动力。最后，乡镇经济的发展是中国特色城镇化的根本动力，给城镇空间结构优化乃至社会发展带来深远的影响。美的集团的发展正是乡镇企业蓬勃壮大的缩影。

　　随着户籍制度改革深化和新的城镇化理念等各种因素的影响，中国的城镇化进程正在发生重大转折，乡镇企业迎来新的发展环境。内部治理结构的完善更将助推更多的乡镇企业像美的集团一样，成为夯实中国城乡融合一体化发展的微观力量。

第三章

国有企业改革与混合所有制

　　2016年9月，国家发展和改革委员会划定中国联通、中国东方航空、中国南方电网、哈电集团、中国核建、中国船舶6家企业为首批混合所有制改革（简称混改）试点企业，混改主要集中在电力、石油、天然气、铁路、民航、电信、军工七大垄断性行业。而中国联通是唯一一家集团整体混改的试点公司。我国电信运营商三巨头，为何就只有中国联通要混改？在业内人士看来，中国联通在三大运营商中业绩最低、用户最少。2018年，中国联通混改后的首份财报显示，混改是提升国有企业活力、完善国有企业公司治理的路径之一。国有企业混改的成效正在日渐显现。中国联通如此强劲的业绩增长，无疑为正在进行的国有企业混改提供了榜样和信心。通过混改，国有企业与私营企业能够促进优势互补和交换，实现国有企业经营的大发展，借助混改东风，开出满园春色。

第一节 中 国 联 通

中国联通刚成立时被寄予厚望，但是由于各种因素的制约，特别是建设资金的严重缺乏、融资方式的不规范以及管理人员和技术骨干的匮乏，中国联通并没有如人所愿地快速发展起来。截至1998年底，中国联通苦心经营的移动电话业务仅占移动通信市场份额的7%，而数据、长话等业务基本上还是几张空牌照。2009年，3G技术的出现扭转了中国联通股票在股市持续低迷的局面。如今，中国联通已在国内31个省（自治区、直辖市）和境外多个国家和地区设有分支机构，拥有覆盖全国、通达世界的现代通信网络。

一、探路混改，制订方案

2016年底的中央经济工作会议精神明确突出混改的地位，提出混改是国有企业改革的重要突破口。中国联通的混改正是中央混改工作推进中浓墨重彩的一笔。从2016年10月中国联通开始被列入混改名单到2017年8月21日复牌，时间跨度长达近一年。

1. 探路混改的契机

虽然3G技术暂时扭转了中国联通发展的不利局面，但在随后到来的4G时代，中国联通仍被其他两家运营商巨头远远抛在了身后。错失4G先机的中国联通在负增长的谷底徘徊，虽然2016年的业务收入降幅较上一年有所收窄，但经营利润率却从2014年的6.6%、2015年的3.9%一路下滑到2016年的0.98%，降幅高达75%且不见起色。2016年，中国移动的4G用户数已经达到5.3亿人，成为全球4G用户规模最大的运营商，2016年三大运营商4G用户数及渗透率如图3.1所示。

2. 探路混改的措施——引入战略投资者

历经四次澄清、八次停牌的中国联通混改方案终于尘埃落定。其中，最吸引人们眼球的便是引入了"战略投资者"。中国联通混改后，联通集团持股比

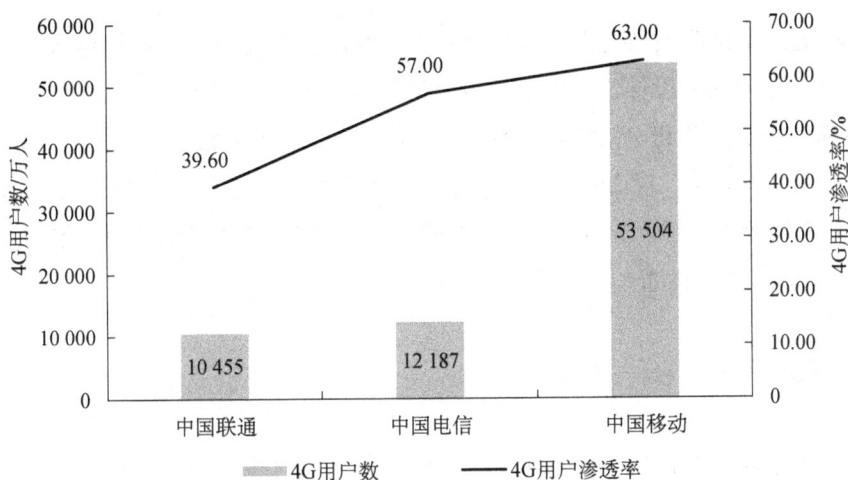

图3.1　2016年三大运营商4G用户数及渗透率

例由 62.7% 下降至 36.7%，10 家战略投资者合计持股比例约 35.2%，员工持股 2.7%，公众股东持股 25.4%，形成了多元化的股权结构，这完全符合"一股领先＋高度分散＋激励股份"的最优混改股权模式。混改后联通 A 股股权结构如图 3.2 所示。

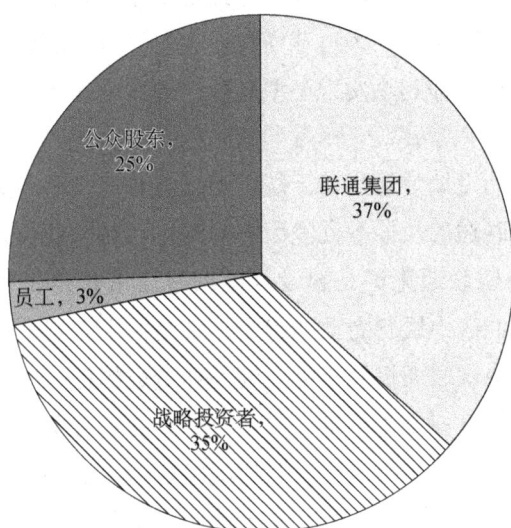

图3.2　混改后联通A股股权结构

中国联通计划发行股份募集资金 780 亿元，百度、阿里巴巴、腾讯、京东（简称 BATJ）等战略投资者将认购 90 亿股中国联通 A 股股份，认购价格为每股6.83元。中国联通通过引入与自身具有战略协同效应的"BATJ"四大互联网行业巨头完善顶层设计，一方面通过吸纳民间资本引入市场化决策机制，以此带动基础通信业务和电信增值服务应势发展；另一方面在混改中通过员工持股计划向中层管理人员、核心管理人才和专业人才授予限制性股票，以便从根源动力上实现激励相容，进而充分调动"积极资本"人力资本的资源能动性，促使中国联通经营状况大幅改善[①]。

二、混改标杆，合作共赢

中国联通的股权结构得到优化，战略投资者通过董事会、监事会改革获得相应的控制权，高级管理人员的任用与管理方式走向市场化，核心员工得到股权激励。在这一结构下，各利益相关方的利益实现均衡，初步形成了协同化治理合作共赢的模式。

1. 混改效益的初显现

2019年3月，中国联通公布了2018年度业绩报告，这也是中国联通混改后交出的第一份年报。2018年三大运营商营业收入及增长率如图3.3所示。

2018年，中国联通净利润实现V型反弹，2014～2018年中国联通净利润变化如图3.4所示[②]。

中国联通混改的短期效益显著，从宏观战略布局层面考虑中国联通和民营资本的结合对中国联通的长期盈利能力影响深远。在营业收入、净利润均不及竞争对手之际，中国联通无论是建设基础网络还是开拓业务，都面临资金困难。这种情况下，混改中民营企业的投资无疑是雪中送炭。巨额的资金流入在一定程度上缓解了中国联通近几年因业绩不佳造成的资金压力，同时也将扭转资金短缺造成的硬件设施投资不足的局面。募集的资金主要用于4G及5G相关业务和创新业务建设，加快推进中国联通战略转型。2019年6月，中国联通获得5G商用牌照。中国联通在5G时代进行混改的效果令人期待。

---

① 何瑛，杨琳. 改革开放以来国有企业混合所有制改革：历程、成效与展望. 管理世界，2021，37（7）：44-60，4.

② 贺硕. 中国联通2018年业绩报告用"实现V型反弹"突出净利润. 通信世界，2019，（9）：28-29.

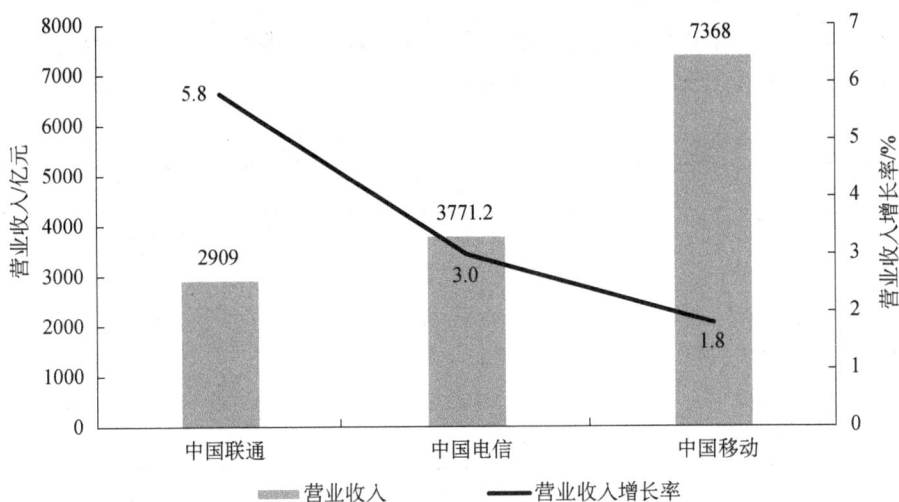

图3.3　2018年三大运营商营业收入及增长率

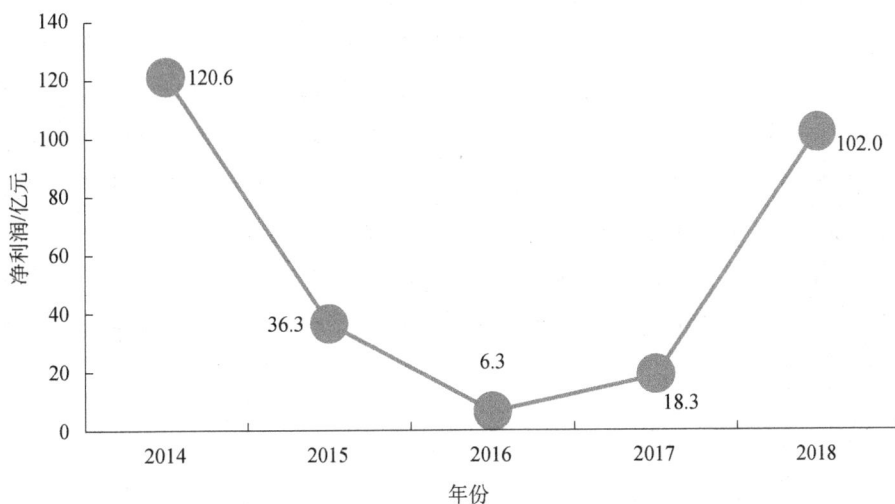

图3.4　2014～2018年中国联通净利润变化

2. 利益共同体的合作共赢

混改以来，中国联通引入了战略投资，不但获得了注资，而且实现了强强联合、优势互补，在渠道触点①、内容合作、云大物云计算、大数据、物联网等方面开展了有效的合作，从最终财报表现来看，也获得了客户、流量、业务

---

① 全渠道全触点营销模式，就是一种以消费者为全程关注点的消费者渗透模式，是在人与人、人与物、人与媒体高度互联的环境下，消费者的决策路径发生质的改变，线下线上不再是独立、分行的渠道。

和收入等诸多方面的实际成果。根据中国联通2018年业绩报告，中国联通与混改合作方的合作内容点及收益点见表3.1①。

表3.1　中国联通与混改合作方的合作内容点及收益点

合作点	合作方	收益点
互联网触点	腾讯、阿里巴巴、百度	吸引新移动客户
视频内容	腾讯、百度	流量激发
金融支付	腾讯、京东	终端销售
云业务、物联网	腾讯、阿里巴巴	政企客户拓展
大数据	腾讯、百度、京东、滴滴	行业信息化应用
家庭产品	腾讯、阿里巴巴、百度	家庭市场拓展

　　此次混改的受益方除了中国联通，还有民营资本和"国资"与"民资"形成的利益共同体。中国联通混改使得民营企业有机会进军电信行业，拓宽了民营资本的发展空间，并使民营资本有机会享受国有企业改革带来的红利。稳定的合作关系为民营企业提供了广阔的发展平台，民营资本可以借国有企业混改这一历史性机遇加强与国有企业以及政府相关机构的联系，拓展自身发展空间，实现利润高增长。在"国资"与"民资"形成的利益共同体中，二者原来在业务上的供需合作关系升级为战略层面的利益共同体，减少了二者的交易成本，提升了双方在业务上的合作效率，增强了协同效果。这种互利共赢的商业模式盘活了国有资本、壮大了民营资本，将协同效应发挥至最佳状态②。

思考题 --

1. 你认为中国联通为什么要进行国有企业混改？

2. 你认为中国联通混改措施对我国其他国有企业有什么借鉴意义？

3. 国有企业改革与混合所有制如何结合在一起？

4. 混改为什么能够成为提升国有企业活力、完善国有企业公司治理的路径之一？

---

① 贺硕. 中国联通2018年业绩报告用"实现V型反弹"突出净利润. 通信世界，2019，（9）：28-29.
② 刘振华，孙辉东. 中国联通混合所有制改革的双赢模式探讨. 财务与会计，2018，（10）：22-24.

第二节　国民经济发展的脊柱：国有企业

作为国民经济发展的中坚力量和中国特色社会主义的支柱企业，国有企业从产生以来，始终是中国特色社会主义经济实践的中流砥柱。作为公有制与市场经济体制结合的组织载体，国有企业一直是影响我国经济体制改革、重构政府与市场关系的关键因素。国有企业是中国特色社会主义的重要物质基础和政治基础，是中国特色社会主义经济的"顶梁柱"。在中国经济不断跃升的道路上，国有企业始终是国民经济的"领头雁"、关键领域的"压舱石"，正可谓"国民经济发展的脊柱"。

一、国有企业的产生与发展

国有企业指的是由国务院或地方人民政府代表国家履行出资人职责的国有独资企业、国有独资公司以及国有资本控股公司等，包括中央及地方国有资产监督管理机构和其他部门所监管的企业本级或其逐级投资形成的企业。国有企业作为一种生产经营组织形式，同时具有商业性和公益性的特点，其商业性体现为追求国有资产的保值和增值，其公益性体现为国有企业的设立通常是为了实现国家调节经济的目标，起着调和国民经济各个方面发展的作用。国有企业的发展历程如图 3.5 所示。

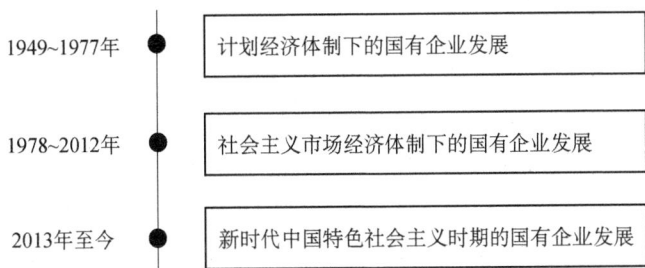

时间	发展阶段
1949~1977年	计划经济体制下的国有企业发展
1978~2012年	社会主义市场经济体制下的国有企业发展
2013年至今	新时代中国特色社会主义时期的国有企业发展

图3.5　国有企业的发展历程

中华人民共和国成立后开展对生产资料私有制的社会主义改造，国有企业获得快速发展。但是由于国家直接经营国有企业，并且国有企业占比又高，全国的资源配置机制逐步成为高度集中的计划经济。国有企业与计划经济结合的弊端也逐步显露，企业经营效率低下，国家开始尝试对国有企业进行改革。1978 年，党的十一届三中全会开启了改革开放的序幕，国有企业改革随之启动。当时，国有企业在中国工业部门乃至中国整体经济总量中都占据绝对优势，可是国有企业在"数量"上的优势并不代表"质量"上的优势。改革开放之前，国有企业主要由政府直接管理经营，与之对应的就是国民经济在计划经济的体制下运行。随着国有企业"放权让利""两步利改税""承包制"等改革措施的顺利实施，国有企业进入了自主经营探索期。但是，由于国有企业自主经营的探索在本质上没有改变政企不分的模式，政府、企业与职工的关系也没有实质性的突破等，国有企业自主经营的探索依然处于局部范围内的改革。为解决改革过程中的问题，国有企业加快了改革步伐，开始从战略上调整国有企业布局以推进改革①。1998 年和 2015 年的企业类型比例对比如图 3.6 所示。

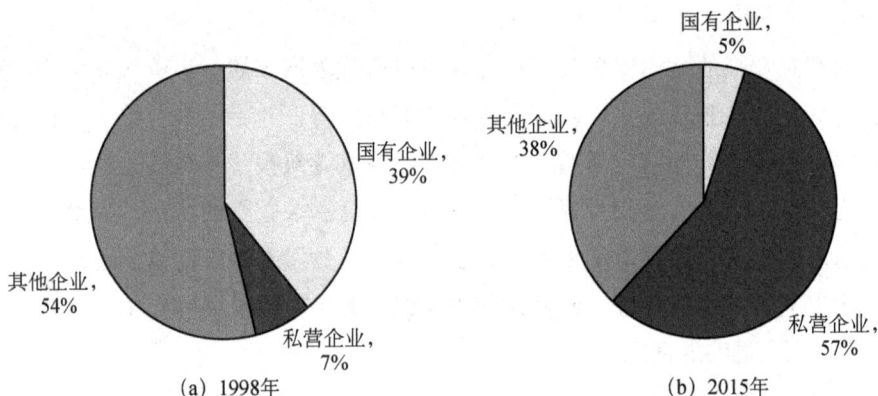

图 3.6　1998 年和 2015 年的企业类型比例对比

资料来源：根据国家统计局网站（http://www.stats.gov.cn/）发布数据整理得出

二、国有企业的特殊性与问题

在市场经济时代多种所有制并存的格局下，国有企业之所以存在，是由于它的特殊性和重要作用。这种特殊性可以概括为，国有企业是一种特殊的所有

---

① 马立政. 国有企业是中国社会主义经济实践的中流砥柱——新中国 70 年来国有企业发展历程及主要经验. 毛泽东邓小平理论研究, 2019,（6）：47-55.

制，负有特殊的社会责任，具有特殊的社会经济功能，并拥有特殊的产权组织结构及运作机制等特点。但也正是因为国有企业的特殊性，使得国有企业在发展中存在一定问题，并且需要不断进行改革。

1. 国有企业的特殊性主要体现在所有制和社会目标上

国有企业作为一种特殊的所有制企业，其所有者不同于非国有企业，这是它最大的特点。在非国有企业中，各种自然人和法人机构是其主要的所有者和控制者，国家所有权要么没有出现，要么不占据控制地位。而对于国有企业而言，不管世界上各国国有企业的具体情况如何不同，但在所有者的问题上却是相同的，即国家是国有企业的主要所有者和控制者。国家建立国有企业，相对于追求利润目标的非国有企业而言，显然具有特殊的社会目标。国有企业不是要实现利润最大化，而是要在某种程度上克服市场缺陷，增进社会公共利益，促进经济总量最大化和最优化，发挥其不可替代的作用。一方面，国有企业具有企业性属性。它首先是一个经济组织，承担着一定程度的投资决策风险，经营管理要考虑经济效率，提供的产品至少在多数情况下要足以补偿其成本。这是它得以区别于纯粹政府机构属性的地方。另一方面，国有企业又具有公共性属性。国有企业的目标，正是上述国有企业双重属性的体现。企业性属性对国有企业提出的一般目标要求是，国有企业在不同领域运行时对利润目标有不同的要求，至少不能完全忽视成本与收益；而公共性属性对国有企业提出的特殊目标要求是，国有企业应把社会整体利益放在第一位，利润目标放在第二位，重点在于弥补市场机制缺陷，完成非国有企业不愿做、做不了、其他干预手段也解决不了的问题，为实现国家的政治经济目的提供基础性服务[①]。

2. 国有企业存在的问题主要体现在委托代理和政策性负担上

国有企业委托代理关系不规范的问题普遍存在，影响了国有经济的效率和社会主义市场经济体系的建设进程，国有企业治理中的委托代理问题越来越多地被关注和讨论。委托代理理论的含义见专栏3.1。

---

① 杨励，刘美珣. 国有企业的特殊性与我国国有企业的布局定位. 清华大学学报（哲学社会科学版），2003，18（2）：16-20.

专栏 **3.1**　　委托代理理论

委托代理理论是过去几十年契约理论最重要的发展之一。20世纪60年代末70年代初，一些经济学家不满阿罗-德布鲁（Aroow-Debreu）体系中的企业"黑箱"理论，开始深入研究企业内部信息不对称和激励问题。

对委托代理理论最早的论述可以追溯到斯密。他指出，在钱财的处理上，股份公司的董事为他人尽力，而私人、合伙公司的伙伴则纯粹为自己打算。所以，要想使股份公司的董事、监事钱财使用像私人、合伙公司的伙伴那样精打细算是很难做到的。疏忽与浪费，常是股份公司业务经营上难免的弊端。所以，股份公司很难取得专营权，即使取得了专营权，成功的亦不多见。现代学者对于委托代理问题的研究比较多，包括伯利和米恩斯、詹森和麦克林、K.阿罗、詹姆斯·莫里斯等。

委托代理就是所有者将其拥有的资产根据预先达成的条件委托给经营者经营，所有权仍归出资者所有，出资人按出资份额享有剩余索取权和最终控制权，经营者在委托人授权范围内，按企业法人制度的规则对企业财产行使占有、支配、使用和进行必要的处理的权利。委托代理理论就是遵循以"经济人"假设为核心的新古典经济学研究范式，中心任务是研究在利益相冲突和信息不对称的环境下，委托人如何设计最优契约激励代理人。

资料来源：刘有贵，蒋年云. 委托代理理论述评. 学术界，2006，（1）：69-78；金晶，王颖. 委托代理理论综述. 中国商界（下半月）. 2008，（6）：241；张维迎. 企业的企业家——契约理论. 上海：格致出版社，上海三联书店，上海人民出版社，2016.

我国国有企业改革的历史就是两权分离、有效解决委托代理关系、构建现代产权和企业制度的过程。国有企业先后经历了从承包经营责任制、厂长经理负责制，到公司制、现代企业制度的不同阶段。随着市场经济改革的深入推进，国有企业获得了更多的生产经营自主权，基于国有资产经营责任的委托代理关系也在不断深化和演进。经典企业治理的委托代理链条为股东—董事会—经营层，而我国国有企业是由国家代表全体人民行使资产所有权职能，国家无法直接履行委托人的职能，必须借助党委和政府行政体系的力量来实现。这意味着国有企业的委托代理体系存在多个层级，并由此导致国有企业在委托代理方面的一系列问题[①]。中国国有企业有两种政策性负担，一种是战略性政策负担；另一种是社会性政策负担。战略性政策负担是指，中国在计划经济时代资本非常短缺，但是计划经济所建立的大型国有企业所在的行业资本密集，是违反比较优势的。在开放竞争的市场中，这些产业中的企业没有自生能力，必然亏损。由于民营企业不愿意投资此类行业，基于国家战略的需要，由国家直接进行资源配置建立了这一行业。因为行业违反比较优势，行业中的企业没有自生能力，在经营中如果没有政府保护补贴就会亏损。在信息不对称的情况下，经营层可能把经营性亏损、管理不良造成的亏损或转移财产造成的亏损都称为政策性负担，由国家全部承担。国家战略所造成的亏空由国家承担的情况导致了预算软约束问题，即企业有亏损国家就必然进行补贴，从而造成国有企业改善经营效率的积极性不高，国有企业效率低下。除了战略性政策负担之外，还有社会性政策负担。因为国有企业资本密集，所以创造的就业机会非常多。国有企业承担了保障就业的社会责任。有了政策性负担，不管是战略性政策负担还是社会性政策负担，竞争性市场就失去了克服信息不对称的作用。因为竞争性市场能够克服信息不对称的前提是所有企业都是公平竞争的。在中国的竞争性市场中，由于信息不对称，国有企业即使出现了由经营不善造成的亏损，也常把责任推给政策性负担[②]。

第三节　国有企业，在发展中不断改革

国有企业改革是中国经济改革的中心环节，改革的成效关系到国民经济的命运。中国的国有企业改革从1978年起步，至今已有40余年，道路漫长、曲

---

①　陈翔. 国有企业治理中的委托代理问题. 理论视野，2017，(5)：52-55.

②　林毅夫. 新结构经济学视角下的国有企业改革. 社会科学战线，2019，(1)：41-48.

折且艰难，唯有细致回顾、总结经验，才能将国有企业改革进一步深入下去，使国有企业更好地顺应新时代的发展，在国民经济中发挥更大的作用。

一、国有企业改革的路径

国有企业40余年的改革路径大致可以分为五个阶段，如图3.7所示。

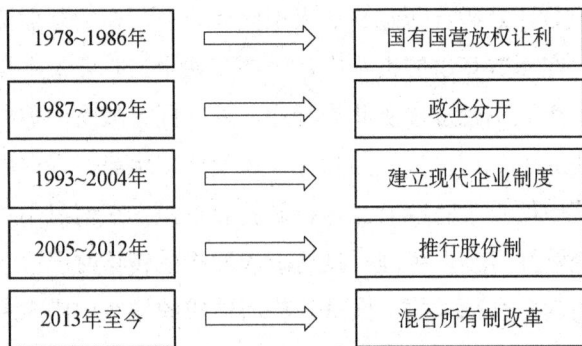

1978~1986年 ⇒	国有国营放权让利
1987~1992年 ⇒	政企分开
1993~2004年 ⇒	建立现代企业制度
2005~2012年 ⇒	推行股份制
2013年至今 ⇒	混合所有制改革

图 3.7　国有企业改革的五个阶段

1. 第一阶段——国有国营放权让利

第一阶段的国有企业改革是国有企业经营层面的改革，主要采取放权让利等方式。所谓放权让利，就是政府向企业让渡一定的生产自主权、原料采购权、劳动用工权等，以解决传统国有企业的经营低效率问题。放权让利的第一次正式施行是在党的十一届三中全会后，政府颁布了一系列扩大企业自主权的文件，指出对国有企业经营权层面进行改革。1979年4月中央工作会议又做出了扩大企业自主权的决议，同年国务院颁布了《关于扩大国营工业企业经营管理自主权的若干规定》等五个管理体制改革文件，并在四川进行扩大企业自主权的试点。1978年10月，四川省率先给予省内的宁江机床厂、重庆钢铁公司、成都无缝钢管厂、四川化工厂、新都县氮肥厂、南充丝绸厂6家国营企业一定的经营自主权。具体做法是先给企业定一个增产增收的目标，允许企业实现目标后提取少量利润留成，以及给职工发放奖金，这一做法实施3个月后，企业经营效率得到较大程度的提升。例如，宁江机床厂的机床产量在当年第四季度就实现了同比翻番，成都无缝钢管厂当年产量首次超过设计能力。四川的放权让利改革试点企业于1979年进一步扩大到412家，并在全国范围内推广。至1980年6月，全国范围内的放权让利改革的试点企业达6600多个，其产值约占全国预算内工业企业的60%，利润占70%[①]。

企业的经营者具有一定程度的剩余产品的控制权和索取权，国有企业成为自负盈亏、自主经营、自我约束、自我发展的"四自"经济实体，企业生产效率得到一定程度的提升，国有企业改革成效明显。总结第一阶段国有企业改革的经验，主要包括：第一，放权让利能使各利益主体在改革中获得不同程度的利益，具有普惠性质，国有企业经营者也受到较大程度的激励，生产积极性明显提升。第二，国有国营放权让利只在企业经营层面进行一定程度的改革，并没有改变原有产权框架，即只在政府和国有企业之间进行利益调整，并不涉及"姓公姓私"或"姓资姓社"的问题，因而阻力较小，更容易被全社会所接受，进行得比较顺利。第三，放权让利实际上是一种双赢，一方面国有企业得到了利益，另一方面国民经济总量和中央政府收益的绝对量增加，两方面共同发挥作用，带来了社会成员收入的提高和生活的改善，经济社会发展蒸蒸日上。

2. 第二阶段——政企分开

1987～1992年，国有企业经历了两轮承包和租赁经营改革。承包和租赁经营推行伊始，确实调动了企业和职工的积极性，推动了国有经济的发展。但是随着承包、租赁的不断发展，其带来的消极影响大过其对经济发展的贡献，由此招致了全国各界强烈的批评和反对。具体来说，在承包、租赁过程中，国家和企业处在一种不完全的契约关系中，政府与企业一对一的谈判成本很高，且无法对承包、租赁合同的细节逐一加以规定，政府也不能时时刻刻监督企业的行为，存在信息不对称问题，因此企业经营者只顾自身利益的最大化，而不考虑国家利益，企业只负盈不负亏。这导致国家财政收入下降，国有企业面临着被掏空的危险。

---

① 改革开放初期的"放权让利"是从这个省开始的（国企简史之十六）. https://m.thepaper.cn/baijiahao_12704319[2022-04-02].

3. 第三阶段——建立现代企业制度

这一阶段，通过建立现代企业管理制度对国有企业布局不合理的结构进行调整。1993年，在党的十四届三中全会上通过的《中共中央关于建立社会主义市场经济体制的若干问题的决定》中，明确提出了国有企业建立现代企业制度的目标和步骤。1994年以后，建立现代企业制度的试点在国有企业展开。建立现代企业制度的目标是由法律规定企业的权利、责任和义务，通过产权结构的改革，使国有企业成为"产权清晰、权责明确、政企分开、管理科学"的现代企业，此时政府的意志是递减、受限的，其只能够在其出资额限定范围内参与企业的经营管理，表达自身的意愿，而不能直接控制和经营国有企业。重大事宜的决策只能由董事会成员讨论后通过表决做出，有效避免了个人独断专行，为企业的科学决策的实现提供组织基础。

经过几年的实践，现代企业制度在改变国有企业的布局方面成效显现，到2002年已经有50%以上的国有控股企业实行了公司制改革，同时涌现出一大批具有较强竞争力的大公司，我国11家进入世界500强的企业均为国有控股公司，2003年中国企业500强的数据显示，国有及国有控股公司占全部公司数量的73.6%，资产总数占所有企业资产的96.4%，利润占85.4%[1]。中国石油化工集团有限公司便是其中具有代表性的一家企业，1999年开始探索建立现代企业制度，集中主业和优质资产启动整体重组和改制，并于2000年和2001年先后在香港、纽约、伦敦和上海上市，开创了国有企业利用国外资源的新局面，走出了国家、企业共赢共生的市场化道路，为企业赢得了更多的发展机会。

4. 第四阶段——推行股份制

股份制改革促使企业内部形成多元化的产权结构，是国有企业在所有权层面改革的一个重要推进。股份制改革有效优化了国有企业内部的治理结构，从根本上改变了由国家垄断的企业财产制度，每一名股东都是企业的主人，对股东、董事会和经营层形成了有效的激励和制约，调动了全体职工的积极性。股份制试点一开始是在企业内部职工中展开，但由于企业内部职工筹资能力的局限，股份制改革自然达不到预期的目标。同时，因当时对股份制改革的理论准

---

① 李荣融. 继续调整国有经济布局和结构，推进中国国有企业更多地参与国际竞争与合作. 管理世界，2004，（2）：1-4，26.

备不足，并不能充分把握股份制改革的内涵，致使很多试点企业的职工股份演变成一种工龄折股，内部借贷买股或化公产为私股，最后使股份制难以推行下去。因此从2005年开始，改革的主要任务是在原有改革的基础上，深化对国家控股的股份公司特别是上市公司内部的改革，尤其是对产权分置制度进行改革①，针对市场上存在的两个市场、两个价格问题建立一套完整的市场体系和价格体系，使股市呈现全流通状态，有效引导资源的优化配置。国有企业股份制改革的道路由此开辟，方向也更加明确，截至2006年3月，全国50%以上的国有及国有控股大型骨干企业均进行了股份制改革，中央企业所属的子企业48%也都进行了投资主体多元化的改革②。

5. 第五阶段——混改

为了进一步深化和巩固产权制度改革成果，本阶段将混改作为重要突破口，将引入民营资本作为促进生产力发展的突破口。党的十八届三中全会将混合所有制经济确定为我国基本经济制度的重要实现形式，大大提升了混合所有制经济的地位，有效促进了国有资产资本化和国有股权多元化，混改成效明显。正如本章案例中所述，集系统设计、体系优化实施为一体的混合所有制改革促使中国联通股权结构得到优化，企业利润实现净增长。不仅是中国联通、欧冶云商、东北制药、海康威视、中国黄金集团黄金珠宝股份有限公司、云南白药等多家参与混改企业均表现优异。其中，欧冶云商作为一家互联网企业，采用了资本运作、股权开放、员工持股等符合互联网行业发展的混改模式，与多家公司达成战略合作，实现了体制和激励机制创新，员工的创新创造活力得到持续激发，为企业发展注入了新动力，促使企业顺利实现扭亏为盈。

与此同时，混改对国有资产监管提出了新要求，国有资产监管职能需要由"管资产""管企业"向"管资本"转变。党的十九大提出，要完善各类国有资产管理体制，改革国有资本授权经营体制。政策支持下的国有资产监管和国有企业治理水平应得到进一步提升，为更高水平的国有经济布局优化创造条

---

① 宋养琰. 国企改革30年. 经济研究导刊, 2008, (12): 1-4, 封2.
② 王柯敬, 尹婵娟. 试论国有企业公司制股份制改革. 中央财经大学学报, 2008, (6): 54-60.

件①，持续推进国有企业的改革，继续发挥其在国民经济中的主导作用。

二、国有企业的改革仍是进行时

国有企业改革是一项永不停歇的工作。中国面临百年未有之大变局，国有企业作为社会主义经济的重要支柱，既有一般国家国有企业的共性，又有基于中国国情的中国特色社会主义市场经济的个性，既要承担经济责任，还要承担社会责任，甚至更高层次的政治责任。为此，国有企业要更好地顺应时代发展的潮流，瞄准改革的终极目标与功能定位，不断调整优化国有经济的布局结构，更好地发挥国有经济在国民经济中的主导作用，推动经济社会持续健康发展。

1. 进一步完善国有企业的功能定位

从长远来看，未来国有企业还是应该在关系国家安全、国民经济命脉、国计民生的重要行业和关键领域、重点基础设施领域占据主导地位。但我们需要认识到，国有企业功能定位的目标并不是一成不变的，而是可以根据不同时期、不同情况进行动态调节，同时国有企业通过分类实现功能定位也不是一成不变。抗击新冠疫情的过程就给予国有企业功能定位很好的启示，如国有企业在生产、提供抗疫物资时并没有完全按照分类来进行，有些属于商业二类的中央企业也发挥了商业一类国有企业的作用，大量生产口罩、防护服、消毒液等完全竞争类产品，可以发现非常时期国有企业分类的暂时"消失"看似破坏了原有的规则，但实际上带来了物资的大量产出，维护了市场秩序。

2. 不断调整国有经济布局结构

国有经济布局结构与国有经济功能定位是一脉相承的。国有经济布局结构以国有经济功能定位为前提，国有经济布局结构的优化调整要适应国有经济功能定位的实现。因此，与国有经济功能定位的大方向保持一致，国有资本要向关系国家安全、国民经济命脉、国计民生的重要行业和关键领域、重点基础设

---

① 邓全，张怡晨，郭伟倩，等. 国企改革历程研究：基于改革开放以来的全周期. 中国经贸导刊（中），2021，（4）：160-163.

施领域集中。例如，在中国脱贫攻坚的进程中就有大量的国有企业聚焦贫困地区落后的交通、水利、农电、学校、卫生、文化、居住等基础设施，融合发展一二三产业链，建立精准扶贫的长效机制，切实改善贫困地区居民的生活状况。

同时，国有资本布局还要顺应经济社会发展的趋势，努力向前瞻性、战略性产业集中，向具有核心竞争力的优势企业集中，不断通过产业升级拉动经济发展。作为三大运营商之一，中国电信广泛应用数字技术，充分发挥云计算、大数据的精准扶贫优势，助力完成亿元级项目云签约，以农产品销售推进"造血式"扶贫，打通助农扶贫"最后一公里"。随着近年来人工智能、区块链、云计算、大数据等数据技术的发展，国有资本还应向数字化智能化转型升级的方向倾斜，提高数字化应用水平，打造数字化应用新场景。

3. 国有企业与民营企业协同发挥作用

毫不动摇巩固和发展公有制经济，毫不动摇鼓励、支持、引导非公有制经济发展，这是新发展理念的重要组成部分。从企业层面看，国有企业混改为民营资本以战略性投资方式参与混改提供了更多的实现途径，有助于增加民营资本投资渠道，增加国有资本与民营资本之间的融合。如上所述，国有经济主要分布在关系国民经济命脉、国家安全、国计民生的重要行业和关键领域，其在基础性行业和支柱产业的资产比重超过50%，而民营企业则主要分布在服务业、制造业等一般竞争性领域。与此同时，国有企业和民营企业多是上下游关系，国有企业处于上游，主要为民营企业供应零部件，民营企业处于下游，更加接近市场，因此可以说两者互补性大于竞争性[①]。据不完全统计，2014～2018年仅中央企业与民营企业5000万元规模以上的合作项目就已超过1000项，涉及金额达到2万亿元以上，两者取长补短、实现双赢，走出了一条"国企实力+民企活力"的发展道路。随着中国市场规模的日益扩大，市场需求逐步旺盛，国有企业和民营企业都迎来了做大做强的好时机，两者应更大力度地进行资源整合，推进国有企业混改。

---

① 胡迟. 从抗击新冠肺炎疫情实践论国有企业的功能定位. 中国国情国力, 2020，(6)：4-7.

第四节　新时期经济改革的主战场：国有企业混改

国有企业面临日益激烈的国际竞争和转型升级的巨大挑战。一方面，国有企业为推动经济社会发展、保障和改善民生、开拓国际市场、增强我国综合实力做出了重大贡献。另一方面，国有企业仍然存在一些亟待解决的突出矛盾和问题。在推动经济保持中高速增长和迈向中高端水平、完善和发展中国特色社会主义制度、实现中华民族伟大复兴中国梦的进程中，国有企业肩负着重大历史使命和责任。[①]在这种大背景下，国有企业混改走入了人们的视线。

混改从2013年启程，到2019年历时六年，改革政策频出、分步实施、稳步推进。2013年党的十八届三中全会通过了《中共中央关于全面深化改革若干重大问题的决定》，在60项336条改革意见中，把国有企业改革列为重点改革之一，提出混合所有制经济是基本经济制度的重要实现形式，并强调要以管资本为主加强国有资产监管。2015年，党中央、国务院正式颁布了《关于深化国有企业改革的指导意见》，这是21世纪以来在国有企业改革方面制定的规格最高的文件，是指导深化国有企业改革的纲领性文件，随后形成了"1+N"文件体系，共同构建起了深化国企改革的顶层设计，以管资本为主推进国资监管机构职能转变，监管效能持续提升。2017年，党的十九大报告明确指出，深化国有企业改革，发展混合所有制经济，培育具有全球竞争力的世界一流企业。2019年，政府工作报告定调"加快"国资改革，表明政策层面已经高度重视国资改革。

从混改1.0时代到混改3.0时代，混合所有制经济发展进入全面发展时期，如图3.8所示。

中央为混合所有制经济注入了新内涵、新要求，并将其提升至新高度。鼓励发展非公有资本控股的混合所有制企业，并进一步明确混合所有制经济的发展方向和路径，注重各种所有制经济成分的公平竞争和融合创新。将发展混合所有制经济视为国有企业改革的重要突破口，混合所有制是否能够实质性推

---

① 中共中央、国务院关于深化国有企业改革的指导意见（全文）．http://finance.china.com.cn/news/special/ddggljzg/20150913/3339367.shtml[2021-09-20]．

混改1.0时代	混改仅在中央企业子公司层面操作,并保有国有股权的绝对控股地位
混改2.0时代	混改对象提升到上市公司层面,国有股权降到50%以下,国有股东董事会席位也降至半数以下(如中国联通)
混改3.0时代	公司控股股东和实际控制人发生变更,国有控股权发生转让(如格力)

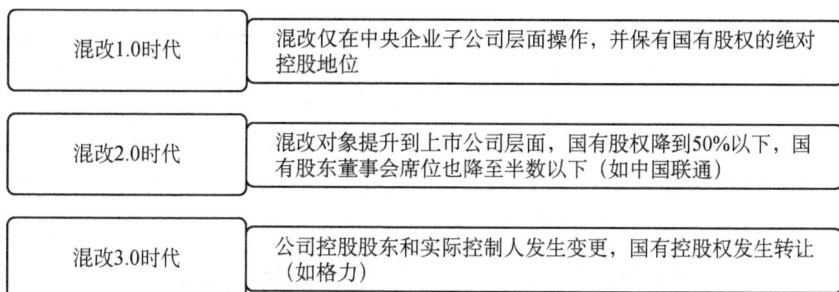

图3.8 国有企业的混改发展阶段

进,将成为判断国有企业改革是否成功的关键。一方面,混改试点工作全面展开。混改围绕七大重点领域,不局限于重要领域企业,也包括具有较强示范意义的充分竞争领域企业,从中央到地方层层推进,形成了改革亮点和经验,具有较好的示范效应。另一方面,在实践探索中逐步明确了混合所有制经济的实现方式。一是通过开放式改制重组,采取资产剥离、人员分流、挂牌转让及债务重组等方式实现资产、业务和人员的重组;二是通过引入战略投资者,在资金、人才、管理方法、资本市场方面为企业提供资源,实现企业的产业链优化;三是通过推进员工持股,形成利益共享、风险共担的格局,完善市场化的激励约束机制;四是通过设立政府引导基金,吸引更多社会资金投资国有企业混改;五是通过整体或核心资产上市,帮助企业优化治理结构,最终实现混改目标。

经过几十年的改革,国家部委推动混改的方向越来越明确,速度也越来越快。自2014年以来,国有企业混改的试点数量逐渐增加,尤其是在2018年,国务院国有资产监督管理委员会推动"双百行动"改革试点,涉及国有企业404家。全国各地区也加大对混改的推动力度,围绕着区域产业特色进行深度混改,促使国有企业市场活力显著增强,深入到基础设施、公共服务、房地产、制造、金融等多个领域,逐步发展成为能够自主经营、自负盈亏的新型国有企业。因此可以说,国有企业混改发展至今已经积累了丰富的"混"的经验。

但目前国有企业还存在效率低、活力弱等问题,当前及未来要在"混"的基础上,进行深层次的"改",在现有基础上对企业进行扩张性尝试,转变以往的经济发展模式,充分发挥混改的作用,实现不同所有制经济优势互补。同时,关注混改过程中国有资产流失、管理矛盾、产权维护等问题,推动产权改革的同时要保持混改配套机制的全面建设,全面监督整体的混改过程和混改质量，强化股权平衡的实施成效，加速实现资源集约和优势互补，使国有企业混改保持健康、有序、常态化发展。

国有经济具有特殊重要地位。虽然在一定时期出现过部分国有企业不景气的现象，但国有经济始终在国民经济中发挥着主导作用。党的十八大之后，国家对国有企业有着很高的功能定位：是中国特色社会主义的重要物质基础和政治基础，是党执政兴国的重要支柱和依靠力量，是党领导的国家治理体系的重要组成部分。读懂中国经济故事，必须深入理解国有企业。

中国联通是国有企业混改的标杆。它一方面引入了腾讯、阿里巴巴、百度、京东等民营资本，从而在市场主体内部实现了所有制的多样性（与其他很多领域一样，多样性往往意味着生机与活力）；另一方面拥抱了互联网，实现了国有经济布局的调整，增强了控制力和影响力。这也正是近几年国有企业改革的重点内容。

以中国联通为代表的国有企业体现了中国社会主义市场经济体制的独特性——实现国家战略和经济效率的统一。随着中国经济迈向高质量发展的新时代，会有更多的"联通"们作为故事的主角，成长为具有全球竞争力的世界一流企业。

第四章

民营企业新发展

备受关注的第二十三届成都国际车展于2020年7月24日正式开幕，吉利携旗下全系车型亮相。同时，吉利宣布将世界级模块化架构体系正式定名为"CMA超级母体"。凭借领先的电子电气架构以及安全、运动、智慧和形体四大优秀基因，CMA超级母体不断赋能吉利旗下各品牌，持续打造高端、高价值、高性能的产品，塑造"科技吉利4.0时代"的显性优势，助力吉利汽车向世界级汽车集团迈进。

自2018年以来持续的车市调整期，再叠加2020年的疫情"黑天鹅"事件，让整个汽车行业承受着巨大压力。作为连续三年蝉联中国品牌销冠的领军品牌，吉利汽车2020年上半年销量持续领跑大盘，累计销量超53万辆，市场占有率提升至6.89%，为中国品牌和车市注入了强心剂。2020年是吉利向"品牌和技术领先"进阶的关键一年，也是"科技吉利4.0时代"的全面开局之年。得益于十年累计超千亿元的研发投入，吉利汽车占领技术制高点，在产品品牌与终端市场持续向上突破，树立起新一轮造车的技术壁垒和品牌口碑，全面参与全球汽车产业的价值竞争。

第一节 吉 利

从 1998 年首款新车下线，到 2018 年强势入股戴姆勒；从一家名不见经传的民营车厂，到成长为世界 500 强企业，吉利不仅实现了从零开始造车，更是从一个单一品牌逐步发展为一家世界 500 强跨国车企，引领中国汽车行业不断向前。吉利创造了中国汽车工业历史上的诸多第一：第一个民营造车企业、第一个开创了汽车的 2 万元时代、自主开发了中国第一款跑车、开发出中国第一款自动变速箱等。20 余年来，吉利突破重重困难所取得的成绩是令人瞩目的，也是来之不易的。2019 年，吉利旗下各品牌在全球累计销售汽车超 217.8 万辆，吉利已然成为一个庞大的汽车帝国。

一、开拓市场，获准资质

1986 年，李书福以冰箱配件为起点开启了吉利创业历程。在改革开放的大好形势下，吉利抓住机遇，先后涉足摩托车、汽车发动机、变速箱、汽车零部件、高等教育、装潢材料、旅游和房地产等行业，并取得了辉煌业绩，为企业后来的快速发展以及战略转型积累了资本。1997 年，吉利进入汽车生产行业，凭借灵活的经营机制和持续的自主创新，迅速占领低端市场，取得了快速的发展，资产总值超过 110 亿元。

虽然吉利在市场上顺风顺水，但是缺少专用的"汽车生产资质"这块心病依然存在。2001 年 11 月 9 日，中国加入世界贸易组织（World Trade Organization，WTO）前夕，国家经济贸易委员会发布了《中华人民共和国国家经济贸易委员会公告车辆生产企业及产品（第六批）》，吉利 JL6360 榜上有名。这份公告明确了吉利是国家汽车定点生产基地的地位。同年 12 月，《中华人民共和国国家经济贸易委员会公告车辆生产企业及产品（第七批）》发布，吉利生产的轻型客车 HQ6360、MR6370 和三厢式轿车 MR7130 又名列其中，实现了从生产两厢轻型客车到生产三厢轿车的跨越。从此，吉利走上了一条高速发展的车道。2001～2005 年，吉利汽车依靠"豪情""美日"和新发布的"优利欧""美人豹"车型，销量不断突破。2005年，吉利汽车销量约15万辆，并首次入围全国汽车销量十强，排名第八。同年，吉利汽车股票正式在香港发售。

二、战略转型，全线升级

2007年，吉利在宁波与几十家经销商联合发布了《宁波宣言》，决定进行战略转型，吉利开始从单纯的成本领先向技术先进、品质可靠、服务满意全面发展。之后，吉利主要通过外部投资与收购加快自身高端化、全球化的发展步伐，不断丰富汽车品牌矩阵和拓展汽车相关业务，成为一家庞大的汽车产业集团。

1. 战略转型——外部投资与收购

20余年间，吉利从一家小车企，快速成长为具有全球影响力的汽车巨头，其秘诀之一就是使用外部收购的方式壮大自己。回顾吉利近年来的收购历史，在全球范围内，吉利已经花费了逾百亿美元完成了数次收购（图4.1）。

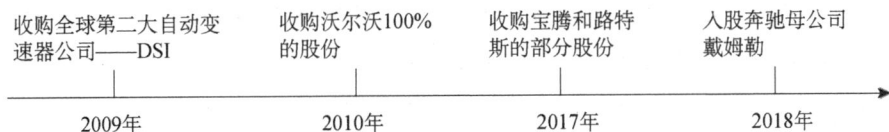

收购全球第二大自动变速器公司——DSI	收购沃尔沃100%的股份	收购宝腾和路特斯的部分股份	入股奔驰母公司戴姆勒
2009年	2010年	2017年	2018年

图4.1　吉利的主要收购案

2002年，吉利在一次公司会议上提出收购沃尔沃的计划。以吉利当时的实力，想要收购沃尔沃轿车业务，在外人看来简直就是"蛇吞象"。经历了漫长的等待和筹划，机会终于来了。从2005年开始，沃尔沃就处于亏损状态，销量一路下滑。这样的沃尔沃，深陷金融危机旋涡的福特已然无力承受。吉利获得一个绝佳的切入机会。2009年12月，福特对外宣布已和吉利达成框架协议，同年吉利完成了对自动变速器公司DSI的收购，2010年吉利以18亿美元收购了沃尔沃汽车的全部实物资产和无形资产，即100%的股份。收购完成后，吉利和沃尔沃相得益彰，各自的销量持续攀升。

在收购沃尔沃之后，吉利市值直线上升，吉利的全球化路线也由此展开。收购宝腾，就是吉利进军东南亚市场，进一步国际化的关键一步。2017年，吉利打败 PSA 集团，与马来西亚多元重工业集团正式签署收购协议。按照这份协议的内容，吉利收购了宝腾 49.9% 和英国豪华跑车品牌路特斯 51% 的股份，吉利成为宝腾的独家外资战略合作伙伴。通过收购宝腾和路特斯，吉利的品牌形象无论是在国内市场还是国际市场都有显著的提升。如果说收购沃尔沃为吉利贴上了安全的标签，那么收购宝腾为吉利贴上了国际车企的标签，而收购路特斯则为吉利贴上了强大操控和动力的标签。

2018 年，全球汽车行业面临巨大变革，车企必须协同发展，共同占领技术制高点，尤其是在数字技术、新能源技术上取得主动权。吉利看中了戴姆勒先进的数字技术和智能新能源技术。2 月 24 日，吉利宣布，已通过旗下海外企业主体收购戴姆勒 9.69% 具有表决权的股份。在支持新能源汽车产业发展的背景下，新电动车合资公司可以是任意合资比例，戴姆勒与吉利双方根据自身发展需求，调整合资比例成立电动车合资公司也存在可能，双方在新能源市场上的合作令人充满期待。

2. 全线升级——完善品牌与业务

通过投资收购与自主开发，吉利旗下已拥有吉利汽车、领克汽车、沃尔沃汽车、宝腾汽车、路特斯汽车、伦敦电动汽车等品牌，产品覆盖范围从小型车到中大型车、从经适车到豪华车、从乘用车到商用车、从摩托车到飞行汽车，以满足不同层次的消费者需求。

在丰富汽车产品矩阵的同时，吉利也在积极开拓新业务，在汽车出行服务领域进行布局。在全球汽车产业正在经历变革的背景下，国内车企纷纷加快从传统制造商向出行解决方案提供商的转型步伐，吉利也走在了最前沿。吉利早期布局的曹操出行，隶属于吉利旗下吉利科技集团，其涵盖互联网专车、出租车、顺风车、绿色公务、曹操帮忙、曹操彩选、曹操碳银行、曹操包车游、曹操走呗等业务，成为头部 B2C 网约车平台之一。此外，空中出行领域也是吉利构建智慧立体生态出行的重要组成部分，吉利目前在空中出行服务领域布局有 Terrafugia 及 Volocopter 两家公司。Terrafugia 专注于开发飞行汽车，以及城际之间的乘客和货物运输解决方案。Volocopter 专注于城市内短途航班，提供点对点的空中电动出行服务，以改善大城市的交通体系。吉利前瞻性的战略，完成了从陆地到天空，从实车到网络的立体布局。虽然出行领域的战争才刚刚打响，但吉利先人一步的布局赢在了起跑线上。

在国内车企中，吉利汽车在教育领域的布局是最广的。早在1997年，吉利在进入汽车行业之前便已筹办学校。彼时的中国，汽车人才极其缺乏，国产汽车要想有出路，就必须有强大的人才队伍作为支撑。吉利创办了北京吉利学院、三亚学院、浙江汽车工程学院、湖南吉利汽车职业技术学院等8所培养汽车专业人才的教育机构，这8所院校每年向社会输出近万名汽车专业人才。纵观吉利的办学史，这些学院的开办，并不是简单地模仿公立大学，而是面向市场需求，以就业为导向。吉利的这种办学模式为汽车行业培养了一批又一批高层次人才。

吉利各汽车品牌均拥有各自独有的特征与市场定位，相对独立又协同发展，销售体系覆盖全球，极大地满足了全球汽车市场不同层次消费者的购车需求。吉利在新能源科技、共享出行、车联网、无人驾驶等前沿技术方面均有探索，积极布局未来智慧立体出行生态，稳健推进创新型科技企业的建设，逐步实现由汽车制造商向移动出行服务商的转变。吉利的教育板块业务则为吉利的汽车研发、生产、销售提供源源不断的专业人才，是吉利强大的软实力。吉利的汽车、出行、教育三大板块正最大限度地发挥着协同效应，提高了资源利用率，助力吉利在全球汽车市场上屡创奇迹。

思考题

1. 通过吉利的成长轨迹，如何理解中国民营经济发展历程？
2. 在新时代背景下，中国的民营经济遇到了哪些挑战和机遇？
3. 吉利等中国民营企业应如何转型升级，实现高质量发展？

第二节　民营经济，激荡前行

我国民营经济的发展历程是曲折的，呈现出"U"形发展轨迹，主要经历了"从有到无"，以及"从无到有、从有到优"两个历史发展阶段。以1978年改革开放为重要历史节点，前30年左右，以民族资本为代表的工商业和其他个体私营经济逐渐走向衰落并最终消亡；改革开放以来，民营经济在由计划经济体制向市场经济体制转轨过程中脱胎而生并成长壮大。党的十九大以来，我国民营经济正站在一个新的历史起点上，既面临重大机遇，又面临严峻挑战，民营经济的发展阶段如图4.2所示。

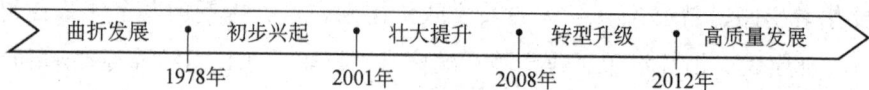

图4.2　民营经济的发展阶段

1. 曲折发展阶段

中华人民共和国成立初期，党和国家通过没收官僚资本和帝国主义在华企业，建立起了以公有制为主导的多种所有制经济体制，这一时期的主要任务是采取各种措施，全面稳定和恢复经济发展。以民族工商业为代表的私营经济，是参与中华人民共和国经济发展和社会建设的重要力量。因此，作为临时宪法的《中国人民政治协商会议共同纲领》明确规定保护私营工商业的发展。随着经济的恢复，如何建设社会主义被提上日程，过渡时期总路线初步确立了和平赎买资本主义工商业的方针。1953年，中国开始对农业、手工业和工商业进行改造，到1956年基本完成了对包括民营经济在内的非公有制经济的社会主义改造。但随后的人民公社化运动和"文化大革命"将市场和民营经济与社会主义对立，农民自留地、城市个体户和私营工商业都被排斥在社会主义建设之外。这一时期民营经济的曲折发展与社会主义建设的探索密切相关，它为改革开放以后的民营经济发展提供了重要经验和教训[①]。

2. 初步兴起阶段

1978年，党的十一届三中全会做出了实行改革开放的伟大历史决策。在党中央的号召下，人们的思想获得解放，党和国家逐渐扭转了对非公有制经济的过左认识。1988年4月，《中华人民共和国宪法修正案》第1条规定："国家允许私营经济在法律规定的范围内存在和发展。私营经济是社会主义公有制经济的补充。国家保护私营经济的合法的权利和利益，对私营经济实行引导、监督和管理"。1992年，邓小平南方谈话指出"计划和市场都是经济手段。社会主义的本质，是解放生产力，发展生产力，消灭剥削，消除两极分化，最终达到共

---

① 邢中先. 新中国成立70年来民营经济发展：历程、经验和启示. 企业经济, 2019, (1): 14-19.

同富裕"[①]。在全面扫除了民营经济发展的思想障碍后，我国民营经济如雨后春笋般快速兴起。1978～2000 年，党和国家不断加大对民营经济体发展的重视，历次全国代表大会都对民营经济的发展做出了重要论断，如图4.3所示。这一时期，国内民营企业发展日新月异，实现了跨越式增长。

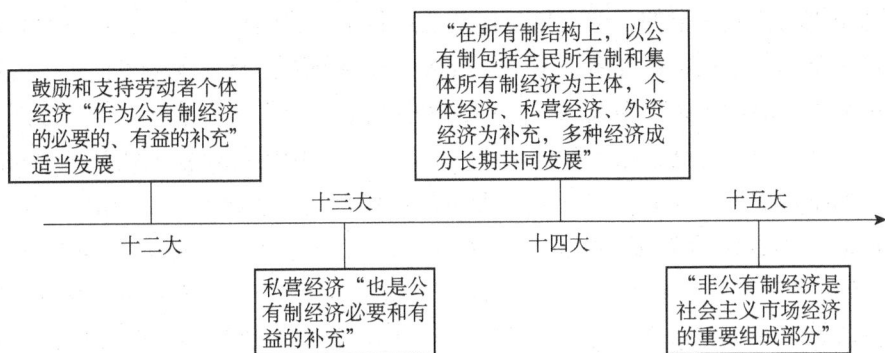

图 4.3　全国代表大会关于民营经济的重要论断

3. 壮大提升阶段

2001～2007 年，随着国有企业产权制度改革的深入，我国民营经济进入快速发展壮大阶段。生产集约化、产业集群化、经营国际化成为这一时期民营经济的典型特征。尤其是我国成功加入世界贸易组织以后，民营经济迎来了新的发展春天，逐步在市场经济的浪潮中形成了汽车配件、家用电器、医药化工、缝制设备等诸多具有国际竞争力的主导性产业。这一时期，民营经济充满生机，民营企业规模逐步扩大，综合实力迅速增强。

4. 转型升级阶段

受2008 年全球金融危机影响，以传统制造业为主的民营经济陷入低潮。劳动密集型、资源消耗型的粗放型经济发展方式在全球金融危机的影响下难以为继，已无法满足我国民营经济的发展需求。自此，我国民营经济进入结构调整、转型升级阶段。这一时期，国内民营经济凭借扎实的工业基础，紧紧跟随时代发展潮流，抓住科技创新这一主线，稳扎稳打，逐步推动传统制造业转型升级，重新积蓄发展力量。

① 邓小平与社会主义市场经济. http://theory.people.com.cn/n/2014/1130/c40531-26119238.html[2021-09-20].

5. 高质量发展阶段

党的十九大提出，我国经济已由高速增长阶段转向高质量发展阶段，正处在转变发展方式、优化经济结构、转换增长动力的攻关期，建设现代化经济体系是跨越关口的迫切要求和我国发展的战略目标。在新的历史发展时期，民营经济是推动质量变革的重要主体。民营企业数量占我国规模以上工业企业总量超过了80%，在轻纺、食品、电子、机械等普通制造业及制成品等行业已占绝对优势；在重大装备、高技术等高端制造及制成品等行业，基本上是三分天下有其一，有的甚至是占据半壁江山；同时，随着我国服务业各领域对民营经济准入的不断放开，民营经济在服务业中的占比也在逐步提升①。民营经济始终坚持以实体经济为发展中心，牢牢把握供给侧结构性改革主线，紧紧抓住"一带一路"等发展机遇，积极推动传统制造业向智能化、绿色化、服务化转型升级，及时布局新能源汽车、新一代信息技术产业等新兴产业领域，立足经济创新，不断焕发民营经济发展活力。自此，国内民营经济逐步迈入高质量发展阶段②。

第三节 量质并举，直面挑战

截至2017年底，民营企业数量超过2700万家，个体工商户超过6500万户。民营经济具有"五六七八九"的特征，即贡献了50%以上的税收，60%以上的国内生产总值，70%以上的技术创新成果，80%以上的城镇劳动就业，90%以上的企业数量。③民营经济是社会主义市场经济发展的重要成果，是推动社会主义市场经济发展的重要力量，是推进供给侧结构性改革、推动高质量发展、建设现代化经济体系的重要主体。

---

① 民营经济是推动高质量发展的重要主体. http://epaper.gmw.cn/gmrb/html/2018-11/07/nw.D110000gmrb_20181107_3-13.htm[2021-09-20].

② 程建华，郭莹莹. 新中国成立70年来我国民营经济发展历程、成就及经验启示. 河北省社会主义学院学报，2019，（4）：36-41.

③ 习近平：在民营企业座谈会上的讲话. http://www.gov.cn/xinwen/2018-11/01/content_5336616.htm[2021-09-20].

一、民营经济的发展现状

70多年来，我国的中小企业、民营企业蓬勃发展，从小到大，由弱到强，在增加就业、稳定经济增长、促进创新方面发挥了独特的重要作用，作为国民经济生力军的作用也日益凸显。

1. 民营企业发展壮大

民营经济蓬勃发展，企业数量逐渐增多，且增长速度较快，是我国企业发展的主力军。根据国家统计局官网发布的统计数据，2012～2018年民营企业企业规模和投资额逐年上升，经营良好，具有较高的成长性；2018年私营企业和个体就业人数达到37 413万人，是社会吸纳就业的主体；2014年私营企业就业人数增长最快，达到14%，其他年份保持10%左右的增长势头，如图4.4所示。根据《2019中国民营企业500强调研分析报告》，2018年，民营企业500强的营业收入总额为28.50万亿元，资产总额超过1000亿元的民营企业有76家，比上年增加15家，纳税额超过200亿元的企业共6家，超大型企业继续增长，社会贡献持续加大。同时，民营企业正在持续推进产业结构优化，海外投资力度不断加大，正在加快走出去步伐。

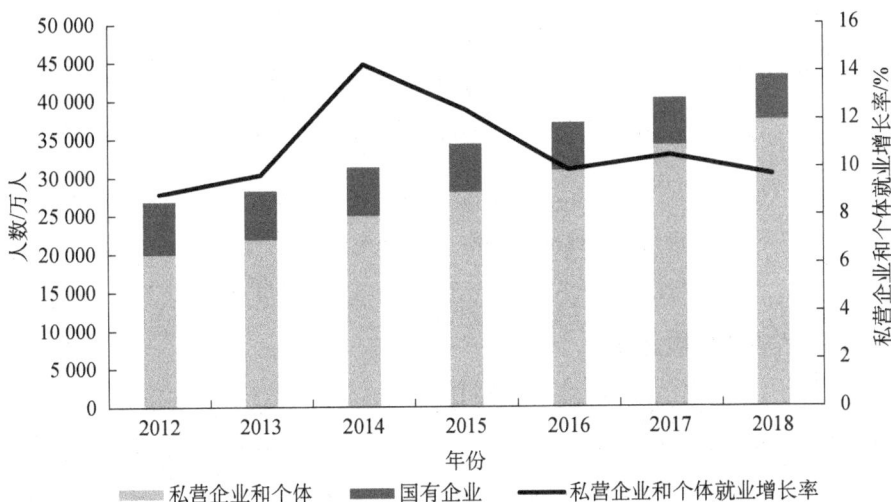

图4.4　2012～2018年私营企业和个体吸纳就业情况

资料来源：根据国家统计局网站（www.stats.gov.cn）发布数据整理得出

2. 产业结构优化升级

民营企业着力提升发展质量，产业升级步伐不断加快，产业结构不断优化，有力支撑民营经济持续健康发展。图4.5展示了2012～2019年三次产业对GDP的贡献率的演变。2014年之前，民营经济中，第二产业始终占据主体地位，制造业作为主导行业，规模较大，近年来增速有所放缓；第三产业发展势头较猛，逐渐成为拉动经济增长的主引擎，对GDP的贡献达到60%，是民营经济产业结构升级的标志，也是民营经济新的发展方向。根据《2018中国民营企业500强调研分析报告》，民营企业500强中，第二产业入围企业337家，继续占据主体地位；制造业入围企业295家，比上年增加7家；第三产业入围企业157家，比上年减少5家，资产规模和营业收入分别占500强的六成和四成，比重均比上年有所提升，第三产业拉动经济增长的作用得到进一步增强。

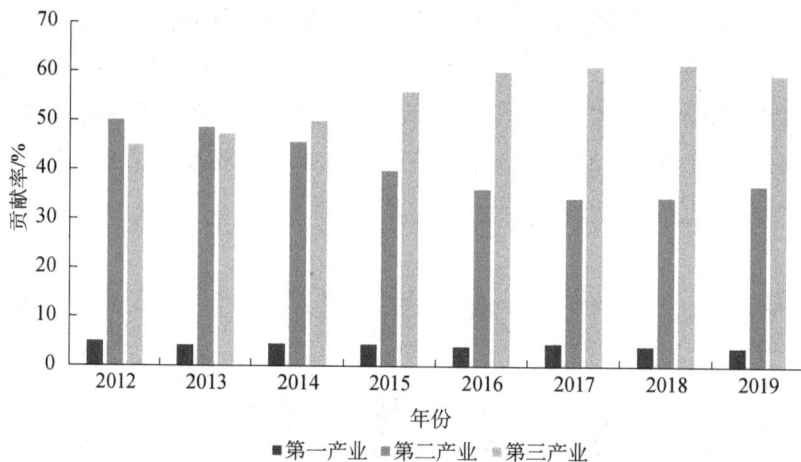

图4.5　2012～2019年三次产业对GDP的贡献率

资料来源：根据国家统计局网站（www.stats.gov.cn）发布数据整理得出

3. 创新驱动高质量发展

近年来，我国企业研发投入快速增长，自主创新能力显著增强。《2018年全国科技经费投入统计公报》显示，2018年，全国共投入研发经费19 677.9亿元；分活动主体看，各类企业经费支出15 233.7亿元，占比77.4%，比上年增长11.5%。民营企业科技投入的增长，带动研发投入总体结构持续优化，成为全社会研发经费增长的重要拉动力量。在2018年国家科技进步奖获奖单位中，民营企业数量超过了国有企业。在工业和信息化部发布的2018年中国"制造业单项冠军"榜单中，民营企业共121家，占比从2017年的55.5%增长到2018年的75.6%。《中国民营企业社会责任报告（2019）》指出，我国65%的专利、75%以上的技术创新、80%以上的新产品开发都由个体、民营企业完成。《2019中国民营企业500强调研分析报告》显示，民营企业500强研发人员占比、研发强度两项指标整体均呈上涨趋势。其中，研发人员超过3%的企业328家、超过10%的企业184家，研发强度超过3%的企业69家。民营企业在计算机通信、汽车制造、互联网和相关服务等领域创新能力突出。民营企业持续发力研发，也带来了创新成果的快速增长。在2019年我国发明专利授权量排名前10位的国内（不含港澳台地区）企业中，华为、OPPO、腾讯、联想等民营企业均榜上有名。民营经济的目标始终是利润最大化，为了在激烈的市场环境中生存，并且占据更大的市场份额，民营企业必须通过创新来提高自身优势，因此民营经济更有动机和动力投入到科技创新中。

二、新时期民营经济的机遇与挑战

新时期，随着民营经济队伍的逐步发展壮大，民营企业更加重视研发，其整体实力和竞争力有了质的飞跃，民营经济的地位与作用也得到了大幅度的提高，成为经济社会中越来越重要的组成部分。

进入新时代，中国经济由高速增长阶段转向高质量发展阶段，民营企业迎来了难得的时代机遇。首先，政策机遇。党的十八大以来，全面深化改革，推动非公有制经济发展已成为新时期国家重点关注的内容，由此一系列助推民营企业发展的政策陆续出台。党的十九大的召开又为民营经济在新时代的发展吹响了号角，强调了民营企业在推动国家经济发展、解决就业方面的重要性。其次，消费结构升级的机遇。随着居民收入水平的提高，居民消费能力不断增强，人民群众对衣食住用行等的消费需求明显提升，再加上消费环境的持续优化推进消费市场保持较快增长，为民营企业带来了更多的发展机遇。最后，进一步扩大对外开放带来的机遇。随着共建"一带一路"倡议的持续推进，中国同各个国家的合作不断深化，为民营企业"走出去"提供了大量机会，也为企业学习国外的先进技术与经验提供了充分的可能。正如本章第一节所描述的吉利与戴姆勒的合作案例，其通过引进先进的数字技术和智能新能源技术，推进企业良性持久发展。

与此同时，由于国际经济环境变化、中国经济由高速增长阶段转向高质量发展阶段等，民营企业在经营过程中也会遇到不少的困难和挑战。例如，在改革开放之初中国经济凭借着丰富的劳动力和自然资源得到快速发展，但新时期资源环境约束日益趋紧、人口红利逐渐消失，低成本投入的粗放发展模式不再适用于中国企业，企业需要加强技术创新，加快实现转型升级。

因此，面对经济发展阶段转换带来的机遇和挑战，民营企业必须打破思维惯性、走出传统发展路径，聚焦科技创新，深化体制机制改革，努力增强创新能力和核心竞争力，成为实现高质量发展的探索者、组织者和引领者，加快形成以新发展理念为引领的民营经济发展体系与发展模式。

民营经济是中国经济最具活力的组成部分。改革开放的历史经验表明，民营经济常常在"夹缝"中低调崛起，以不经意的方式在很多与人民群众生活息息相关的行业成为主力军。民营经济最活跃的浙江、广东、江苏等省份，也是中国经济最具活力的地区。因此，民营经济常被作为观察中国经济发展的"晴雨表"。

吉利收购沃尔沃无疑是中国民营企业的"高光时刻"，反映了民营经济从行业领域、企业规模到市场影响力、品牌影响力的稳步提升。吉利成长的每个关键阶段都受益于改革开放过程中关键政策的调整，体现了民营企业与政府、企业家精神与体制环境的良性互动——这是中国市场化改革的动力来源，也是"中国经济奇迹"的最好注脚。

从内部治理结构到企业社会责任，时代不断赋予民营企业新的发展主题。"竞争中性"原则的确立，要素配置市场化改革的深化，将为民营企业提供更优良的生存环境，帮助诸如吉利这样大大小小的民营企业续写新的篇章。

第五章

技 术 创 新

　　2016年8月，作为国内广电界的盛会，一年一度的北京国际广播电影电视设备展览会在中国国际展览中心（老馆）如火如荼地进行。在8A20展位，凉山彝族火把节、桂林阳朔山水、冬天的南京，中国首部虚拟现实（virtual reality，VR）全景航拍纪录片——《最美中国》正在放映。《最美中国》是一次科技与影视的融合创新，全片使用无人机航拍视角作为主要创作语言，结合最前沿的VR技术，将长焦航拍、变焦航拍等多种先进拍摄技术结合起来，以全新的视听叙事方式进行创作。这部纪录片使用了深圳市大疆创新科技有限公司（简称大疆创新）的产品进行拍摄。为了达到预期的拍摄效果，大疆创新做出了两款定制产品：大疆创新航拍VR定制云台和"如影"Ronin系列变焦解决方案，也在展览上闪耀亮相。

第一节 大 疆 创 新

一、从心开始，技术创新

大疆创新于2006年，由汪滔等在深圳创立，是全球领先的无人飞行器控制系统及无人机解决方案的研发和生产商，客户遍布全球100多个国家。2020年，大疆创新产品占据了国际超80%、国内超70%的市场份额，在全球民用无人机企业中排名第一。大疆创新的产品从无人机飞控系统到整体航拍方案、从多轴云台到高清图传，已被广泛应用于航拍、电影、农业、地产、新闻、消防、救援、能源、遥感测绘、野生动物保护等领域，并不断地融入个人电子消费市场，成为无人机市场的"领头羊"。

1. 创始人汪滔的"初心"

在成立之初，大疆创新就流淌着技术创新的血液。2005年，还是香港科技大学在读研究生的汪滔说服导师，把直升机自主悬停技术作为自己的本科毕业设计课题。事情并没有向他预想的方向发展，在毕业演示时，飞机摔了下来。但是汪滔并没有因此而放弃，相反，他选择了继续。汪滔几个月没去学校，一个人在深圳没日没夜地钻研改进，终于在2006年1月制作出了第一台样品。汪滔继续在香港科技大学攻读研究生，与此同时，在导师的支持下，他和当年一起做毕业课题的两位同学正式创立了大疆创新，研发生产直升机飞行控制系统。公司最初只有五六个人，在深圳一间80平方米的民宅办公。资金不足、合作伙伴离开、人才匮乏，创业之路可谓举步维艰。但即使在最困难的情况下，大疆创新也从来没有降低过对自己的要求。到了2009年，汪滔的导师李泽湘的加入，不仅给他们带来了资金，还带来了技术支持。不久之后，大疆创新第一款较为成熟的直升机飞行控制系统XP3.1面市，公司终于迎来了发展的曙光。

2. 大疆创新的核心"技术创新"

当无人机成为风投和科技企业眼中炙手可热的投资领域时，一些原本从事消费电子研发生产的公司，也开始向无人机市场进军，并开始在性价比上做文章，使无人机的价格不断下探。大疆创新的管理层认为，和大众消费品不同，无人机有着相当强的技术驱动力，相比于手机等同质化严重的产品，无人机还远没到比拼性价比的时候。基于这样的思考，大疆创新强调的是技术创新，认为只有在技术上不断创新，壁垒才能建立起来。为了把研发这件事做好，大疆创新的研发投入极高。正是因为大疆创新团队有相当强的技术积累与研发实力，难以被模仿，才能在激烈的市场竞争前毫不畏惧。

二、核心技术，中国智造

无人机行业原本是一个小众市场，在2012年以前主要用于工业级领域，即便是消费级无人机，也仅限于航模爱好者、"发烧友"等少数群体。而且，无人机制造的门槛高、成本高，这也使得无人机并不为普通大众所熟知。正当其他无人机厂商还在按部就班之际，大疆创新却开始了艰难的探索。

1. 无人机行业发展情况

从2013年开始，消费级无人机领域出现了爆发式增长，大疆创新、零度智控、极飞、亿航等多家无人机企业竞争激烈。据中资华研预测，未来几年，全球民用无人机市场规模仍保持较快增长，预计到2026年将达到413亿美元，复合年均增长率8.0%。

2. 大疆创新在无人机行业中的表现

从2006年创立开始，大疆创新经历了五年的成长培育期。但也正是这五年，大疆创新精耕细作，为厚积薄发、成为行业的领跑者蓄足力量，终于迎来了发展的曙光。

2010年，大疆创新全自动导航的地面站系统DJI XP3.1地面站投入试用。2011年，大疆创新Wookong-H正式发布，标志着第一台专为像真娱乐直升机而设计的飞行控制系统诞生。2012年，大疆创新正式发布"Naza-H"直升机系列飞控，稳定性更上一个台阶，满足了消费者不同飞行风格的需求。随后，为确保无人机在飞行中能够拍摄到清晰的画面，大疆创新陆续提出三自由度航拍云台系统、陀螺式动态自平衡云台技术等无电刷云台专利技术。大疆创新产品创新之路如图5.1所示。

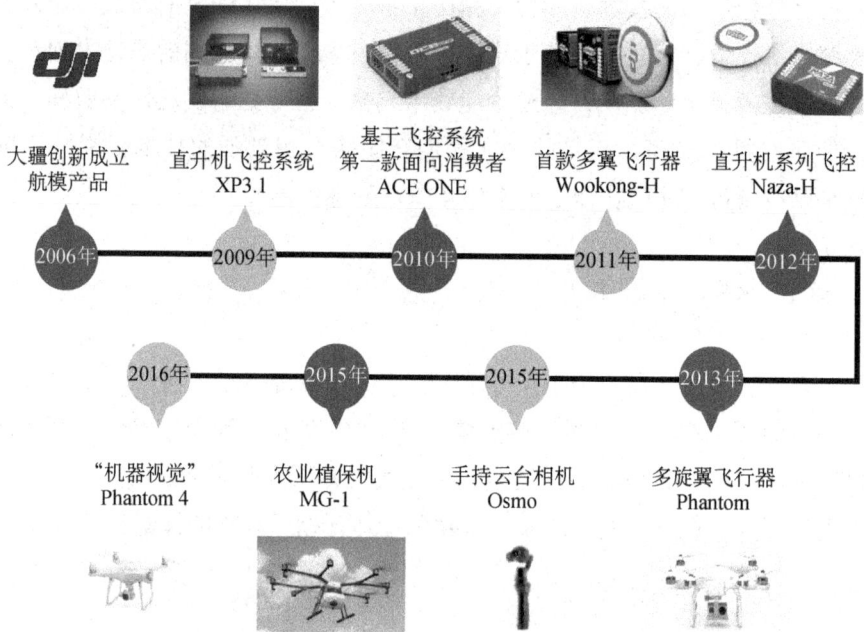

图5.1 大疆创新产品创新之路

终于，大疆于2013年发布了业界最先进的、针对普通消费群的四旋翼一体机Phantom。这是大疆创新有史以来第一次将专业级飞行控制技术带给普罗大众，将智能的GPS飞行控制系统应用于Phantom，为用户提供了简单、稳定和可靠的飞行特性，真正做到了开箱即飞。而在Phantom 出现之前，组装和飞行多旋翼飞机是一项复杂的任务，只有专业人士和一些极端的爱好者可以胜任。大疆创新将之前局限于航模爱好者专业市场的技术扩展到大众消费市场，引爆了整个无人机市场的需求。跟欧美的同类产品相比，大疆创新同时拥有普通人也可以接受的价格和业内领先的飞控系统稳定性和操控性。凭借超高性价比，大疆创新行销全球，迅速占领了市场份额。

最初由航模起家，继而深入飞控系统领域，再由单轴飞行器转入多旋翼飞行器领域，产品范围也由原先的工业级领域转向消费级市场，直至创造性地研发出世界首款航拍一体机Phantom系列，这些成就都体现了大疆创新对于技术创新的精耕细作。

三、专利战略，翱翔疆域

大疆创新不仅凭借不断精耕细作积累技术创新实力，还高度重视专利战略。时至今日，大疆创新的产品已经被广泛应用于影视、农业、新闻、消防、救援等多个领域。作为一家以技术创新为核心竞争力的科技企业，大疆创新一直践行着"以大量的研发投入寻求技术突破，以合理的专利布局保护自主研发技术，以技术突破支持产品创新"的理念。

1. 专利布局，保驾护航

大疆创新在成立的第三年，即2008年就开始有了专利申请记录。2010年，大疆创新开发无人直升机飞行控制系统ACE ONE。尽管这一控制系统的创新技术在于软件及电路的设计，大疆创新还是为这一安装在机壳内部且不为人所常见的器件申请了外观设计专利，可见大疆创新有很强的知识产权（intellectual property，IP）保护意识。2008～2019年大疆创新专利类型年度申请趋势如图5.2所示。

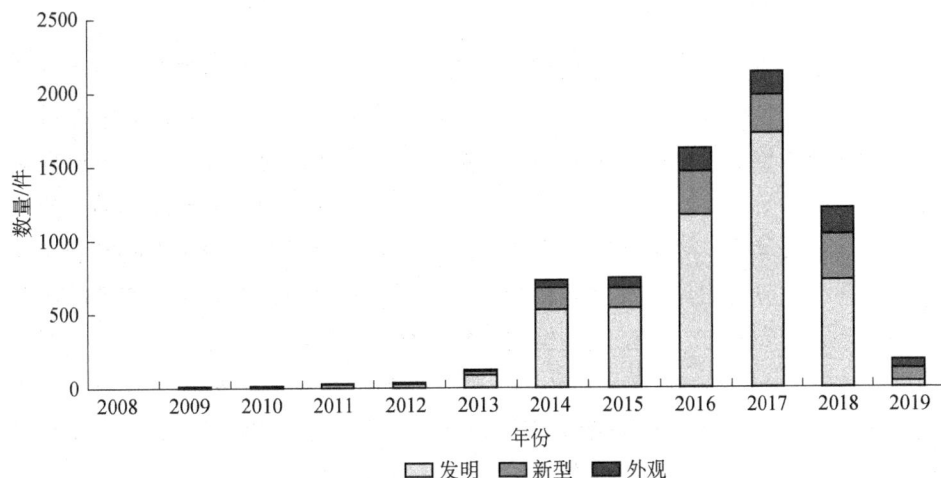

图5.2　2008～2019年大疆创新专利类型年度申请趋势分析

资料来源：整理自 Innojoy 专利数据库，

网址为 http://www.innojoy.com/paanalyse/applicantDetail.html

2013年是大疆创新中国专利申请的爆发期，申请数量是2012年的3倍。2014年开始，大疆创新的专利申请进入了井喷式的大爆发时期。2014年大疆创新申请专利 728 件，是 2013 年的 6 倍。从专利申请的类型看，大疆创新的绝大部分专利申请是发明和新型。大疆创新在力求尽早获得专利权、延长专利保护时间的同时，兼顾提高专利权的稳定性与权威性，以期得到更好的保护效果。2019 年大疆创新专利类型分布如图 5.3 所示。

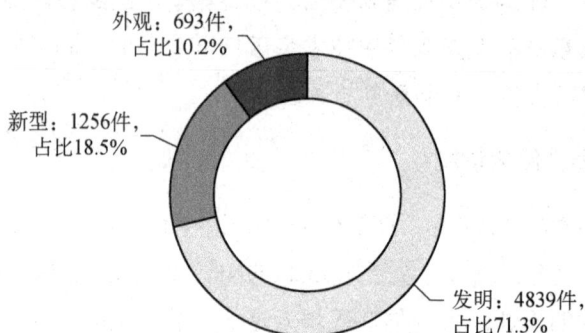

图 5.3　2019 年大疆创新专利类型分布

资料来源：整理自 Innojoy 专利数据库，

网址为 http://www.innojoy.com/paanalyse/applicantDetail.html

2. 专利管理，坚强后盾

大疆创新对每项专利进行全过程监控。大疆创新的专利申请会经过认真的分析与布局，分析专利能否为产品销售与市场服务，实现从后端向前端推进，避免把专利管理工作局限在对专利申请数量的追求上。对于那些经过分析后认为值得申请的专利，大疆创新会依据相关技术的重要性及未来产品化的方向对它们进行分类分级，合理分配人力和财力，实时监控潜在竞争对手的专利布局情况，并制定应对措施。大疆创新始终坚持创新和原创的理念，对产品的研发规划十分超前和严苛，坚持做到推出的每一款新产品都具有比市场上同类型产品更强大、更稳定的性能。因此，在消费级无人机领域，无论是专利申请数量还是授权数量，大疆创新都处于绝对领先的地位。大疆创新将专利战略管理融入公司的整体运营并贯穿始终，为其未来发展提供了有力的支撑。

思考题

1. 你认为大疆创新为什么能够取得成功？

2. 如果有机会参加大疆创新的科技论坛，你想向大疆创新提出什么问题？

3. 中国制造业的发展现状如何？为什么需要转型升级？

4. 什么是技术创新？创新驱动对制造业升级有哪些必要性？

第二节　发展命脉，技术创新

技术创新指生产技术的创新，包括开发新技术，或者将已有的技术进行应用创新。科学是技术之源，技术是产业之源，技术创新建立在科学发现的基础之上，而产业创新主要建立在技术创新的基础之上。技术创新是一个将知识、技能和物质转化成顾客满意的产品的过程，也是一个信息交流、加工的过程。技术创新理论见专栏5.1。

专栏 5.1　技术创新理论

美籍奥地利经济学家熊彼特1912年首次提出了"创新"的概念，经过半个多世纪的发展，逐步形成完整的创新理论体系。在其1912年出版的《经济发展理论》一书中，熊彼特提出"创新"是企业对生产要素新的组合以建立新的生产函数，使技术进步和创新因素开始从外生变量发展成为影响经济发展的内生变量，批评了新古典经济学中无视技术创新和变革对经济发展影响的弊端。

在熊彼特看来，创新包括五种类型：引入一种新的产品或提供一种产品的新质量；采用一种新的生产方法；开辟一个新的市场；获得一种原料或半成品的新的供给来源；采取一种新的组织方式。由此，西方经济学界开始关注到技术进步与经济增长之间的关系。

20世纪80年代，以罗默（Romer）为代表的内生增长理论学派开始将技术进步内生化，他们认为技术进步是投入到研发中的资本和人力资本所产生的结果，主张发展中国家的经济发展不仅要依靠劳动力与资本的增长，还应重视研发和教育活动以促进技术进步。但是观察中国的经济与科技"两张皮"现象，内生增长理论并不能对其加以解释，后来的经济学家则开始从技术发展轨迹、社会技术体制等视角进行深入研究。

资料来源：李华军. 经济增长、双轮驱动与创新型国家建设：理论演进与中国实践. 科学学与科学技术管理，2020，41（6）：70-90；柳卸林，丁雪辰，高雨辰. 从创新生态系统看中国如何建成世界科技强国. 科学学与科学技术管理，2018，39（3）：3-15；张凤海，侯铁珊. 技术创新理论述评. 东北大学学报（社会科学版），2008，（2）：101-105.

一、产品技术创新

技术创新是大疆创新发展的命脉，也是大疆创新重新定义中国制造的核心。大疆创新副总裁潘农菲说，无人机是一个跨领域的产品，如何在高技术的制造领域，为一个硬件产品不断注入技术含量，是大疆创新一直在思考和努力的方向。从商用自主飞行控制系统起步，大疆创新逐步推出了飞行控制系统、云台系统、多旋翼飞行器、小型多旋翼一体机等产品，填补了国内多项技术空白。

从2009年起，大疆创新几乎每年都有新产品问世。仅在大众消费领域，从2012年的首款航拍一体机大疆创新精灵Phantom 1开始，每一代产品都是一个大的跨越。2012年推出的大疆创新精灵Phantom 1，将原本局限在航模爱好者领域的无人机，推向大众消费市场；2013年推出的大疆创新精灵Phantom 2的单轴云台，可以让使用者通过终端控制摄像机镜头从空中进行拍摄；2014年推出的"小悟"可以自主收放起落架，被誉为最酷的无人机；2015年推出的大疆创新精灵Phantom 3，其高清数字图像传输系统可实现2千米内的图像传输，并且可实现室内自主悬停。大疆创新无人机的飞控系统、机架、云台和摄像头全都自主研发，不仅如此，生产也是在自己的工厂完成。潘农菲说，从研发、设计，到原材料采购、组装，关键零部件生产，以及最后的质检和试飞，每一个环节都有一套严格标准，不但所有物料会进行自检互检等多重严密检测，产品也有全面及苛刻的可靠性分析测试，更重要的是大疆创新推出的每一套产品，均由专业的测试工程师、经过100%真实环境飞行测试，以确保产品出厂的品质。大疆创新在全球无人机市场占有七成市场份额，超过八成的产品销往海外。以前，国内的一些科技企业"走出去"的时候，往往选择从低端市场进入，而大疆创新在海外占有率最高的却是欧美等高端市场。

二、内外创新共享平台

大疆创新在高度重视技术创新的基础上，通过构建企业内外部创新共享平台，实现由创意、技术创新、技术资本形成、创新成果转化和产品推广等组成的技术创新模式，构建了创新共享体系，拥有包括内外部技术创新提供者、线上线下产品需求者、内外部创新共享平台以及十几种跨领域创新产品在内的丰富的共享体系要素。大疆创新通过实行紧凑、干练、扁平的组织构架减少管理层不必要的支出和人员冗余，积极鼓励内部员工进行技术创新和商业模式创新；缩小管理层与普通员工的层级差别，在为内部员工进行创新活动提供良好环境的同时，也可以吸引具有创新意识和创新能力的人才加入到大疆创新团队。同时，大疆创新努力拓展外部创新共享平台，打造了集创新技术共享平台、飞行技术共享平台、产学研合作机制于一体并不断拓展的外部创新共享体系。大疆创新共享体系如图5.4所示[①]。

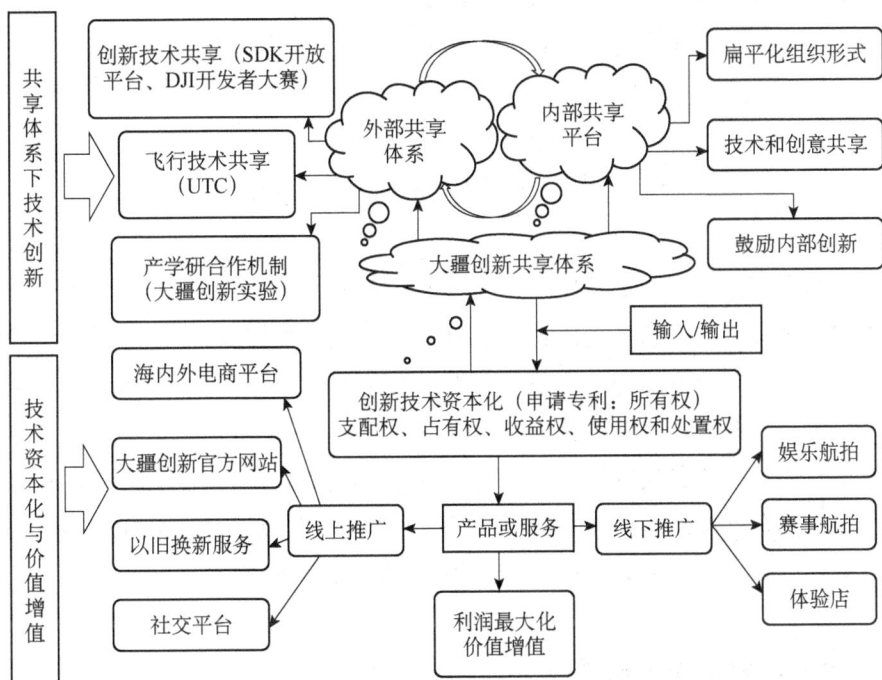

图5.4 大疆创新共享体系

① 周红根，鹿瑶. 从共享经济和资本层面实现技术创新与价值增值——基于大疆创新科技有限公司的案例. 财务与会计，2017，(12)：31-33.

以创新技术平台为例。大疆创新是一家鼓励员工创新的企业，为员工提供宽松的内部创业环境，成可获利，败也不怕。吸引众多刚毕业的大学生到大疆创新工作的原因之一，是公司追求纯粹的理念和浓厚的人文情怀。很多人都认为这里没有严格的上下级等级观念，都是年轻人，充满了朝气与活力。每一个好的点子都可以得到充分的尊重，在这里能够感受到在别处感受不到的价值。"无人机未来的发展方向，是在应用领域的创新，而不是价格上的竞争。"正是基于这种想法，2014年11月，大疆创新推出了SDK软件开发套件，即把大疆创新已有的核心技术集中在SDK上，向后来的开发者开放，让他们在此基础上进行开发，拓展航拍应用领域。大疆创新通过提供SDK软件开发套件，向开发者提供硬件共享平台，开放软件接口。任何有创新想法和会编程的外部人员都可以通过SDK将自己的想法由理论变为现实，软件工程师可以在SDK开放性平台上开发自己的代码，这种硬、软件技术的共享为初期创业者提供了一个可供交流的技术共享平台。大疆创新SDK有效简化了无人机应用开发流程，使开发者更加专注于行业应用本身的业务逻辑，提高了整个行业的创新效率。

第三节　中国科技，创新模式

不同于国外的科技发展模式，中国科技创新的特色模式在科技创新中融入了中国元素。例如，在机制体制改革的过程中，先试先行，营造了局部科技创新的环境。在开放创新的过程中，有华为作为中国企业的代表融入国际市场和标准体系，有高铁作为中国特色产业先引进技术消化吸收再进行创新；在可持续发展方面，中国科技发展创新模式保持着长期持续创新的发展势头，不断提高竞争力；在制度薄弱环节，能够突破行业垄断，满足市场多元化的需求；在市场规模优势方面，中国有着重大工程新技术的示范和应用。

一、中国科技创新取得显著成就

习近平总书记在党的二十大报告中提到，我国"基础研究和原始创新不断加强，一些关键核心技术实现突破，战略性新兴产业发展壮大，载人航天、探月探火、深海深地探测、超级计算机、卫星导航、量子信息、核电技术、新能源技术、大飞机制造、生物医药等取得重大成果，进入创新型国家行列"。

世界范围内新一轮科技革命和产业变革加速演进，重大颠覆性创新不断涌现并不断创造新产品、新需求、新业态，为经济社会发展提供前所未有的驱动力，推动经济格局和产业形态深刻调整，成为驱动发展和提高国家竞争力的关键所在。如图 5.5 所示，研发经费投入从 2012 年的 1.03 万亿元增长到 2021 年的 2.79 万亿元，研发投入强度从 1.91% 增长到 2.44%。2012 年研发人员全时当量为 324.7，2021 年研发人员全时当量达到 562，其中基础研究、应用研究、试验发展均有较大程度的增长，这表明中国科技人才队伍结构在不断优化，2020～2021 年，研发人员全时当量增速放缓，科技人才整体质量和结构还有待进一步提高。

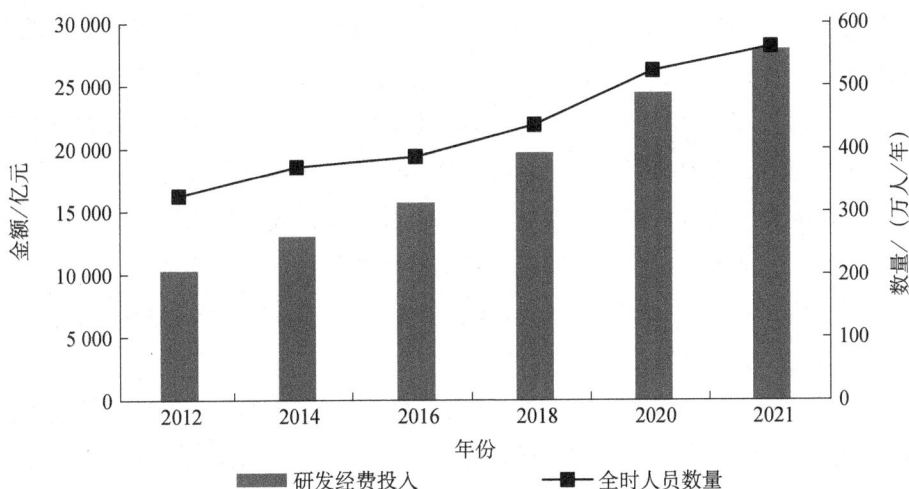

图 5.5　2012～2021 年研发经费投入与全时人员数量

资料来源：根据国家统计局网站（http://www.stats.gov.cn/）发布数据整理得出

中国科学研究水平和学科整体实力呈现大幅度上升，在基础研究和战略高技术领域产出一批世界级科技成果，自主研发大量先进技术装备和系统进入实用。如图 5.6 所示，2012～2020 年，中国科技成果登记数逐年增加。2020 年，中国科技成果登记数量达到了 7.6 万项，相比 2019 年增长 11.61%。从中国专利申请情况来看，2012～2020 年，中国专利申请数逐年上升，2020 年中国专利申请数为 519.42 万项，相比 2019 年增长 18.58%。

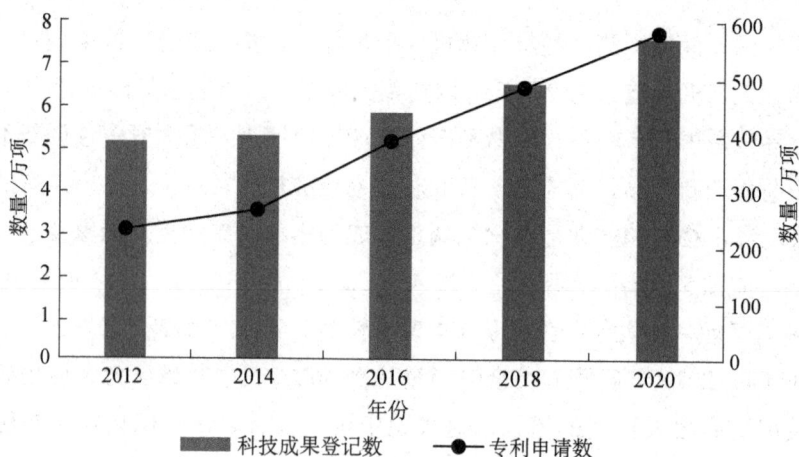

图 5.6　2012～2021 年科技成果登记数与专利申请数

资料来源：根据国家统计局网站（http://www.stats.gov.cn/）发布数据整理得出

我国在量子信息、干细胞、脑科学等方面取得了一批具有国际影响力的原创成果；在以高质量的科技供给带动产业迈向中高端，保障产业链供应链安全稳定；在面向国家重大需求，加快关键核心技术攻关，在战略必争领域补短板、强能力，支撑港珠澳大桥、川藏铁路等一批重大工程建设顺利实施。深海油气、煤炭清洁高效利用，新型核电技术为国家能源安全提供了有力保障；在面向人民生命健康，组织全国精锐力量开展疫情防控应急科研攻关，在疫苗、药物、检测试剂等方面取得一批科技创新成果等。高科技产品国际认可度提高，中国已开始向世界展示中国科技。

科技引领新兴产业发展，人工智能、大数据、区块链、量子通信等新兴技术加快应用，培育了智能终端、远程医疗、在线教育等新产品、新业态。技术突破打通了我国新兴产业的一些堵点，如阳能光伏、风电、半导体照明、先进储能等产业规模进入世界前列。特高压输电工程、北斗导航卫星全球组网，复兴号高速列车投入运行……这一系列重大工程都是由重大技术突破带动形成。

二、中国科技创新引领高质量发展

为打造经济发展新引擎，推动经济高质量发展，使科技成果惠及人民群众，我国加强科技供给，为脱贫攻坚、乡村振兴、疫情防控、产业发展等提供助力。

创新驱动乡村振兴，科技扶贫成效显著。2020 年以来，农业农村部积极开展科技扶贫，先后出台《关于加强农业科技工作助力产业扶贫工作的指导意见》《关于组建贫困县产业扶贫技术专家组的通知》等政策文件，并通过特聘计划招募农技服务人员、精准服务农民需求、解决生产技术难题、带领贫困农户脱贫致富。截至 2020 年年末，特聘计划已在全国 500 多个县实施，招募特聘农技员 4200 多人，推动了贫困地区产业的发展[①]。

科学攻关阻击疫情，新技术保障精准防控。新冠疫情防控阻击战打响以来，很多科技企业迅速响应，为医疗机构提供医学影像识别、病毒检测等诊断支持。例如，为减少病人和医护人员之间面对面的接触，大量科技企业推出了适合于医院场景的智能机器人，用以替代医护人员的部分高风险工作。

超大规模市场优势明显。超大规模市场优势是由中国超大规模的人口数量决定的，超大规模的人口数量意味着中国拥有超大规模的劳动力群体。第七次全国人口普查数据显示，中国 16～59 岁劳动年龄人口约为 8.8 亿人，而全球所有发达国家同口径全部劳动年龄人口的总和不足 8 亿人。2021 年，我国社会消费品零售总额突破 44 万亿元，比上年增长 12.5%，稳居世界第一大消费市场，超大规模消费市场优势进一步强化，如图 5.7 所示。

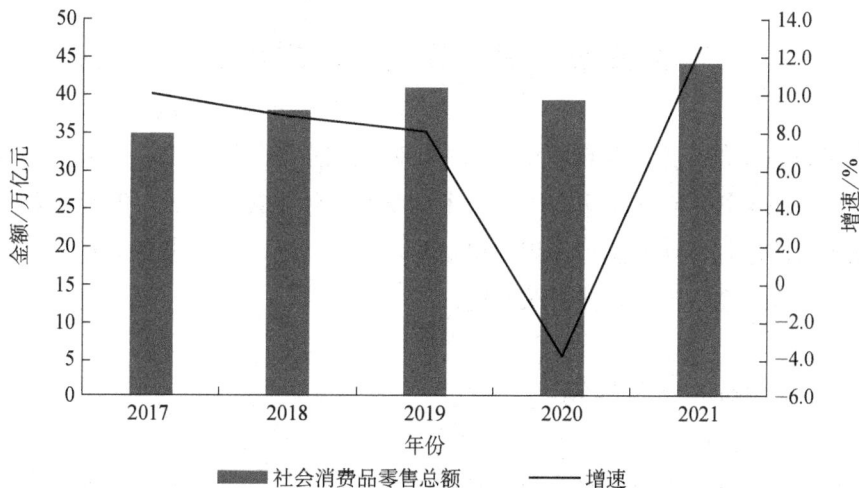

图 5.7 2017～2021 年社会消费品零售总额及其增长速度

资料来源：根据国家统计局网站（http://www.stats.gov.cn/）发布数据整理得出

[①] 农业科技扶贫成效明显. http://www.gov.cn/xinwen/2020-12/22/content_5572066.htm[2022-11-1].

科技创新与技术产业化应用规模优势。超大规模市场意味着更高的新技术涌现概率，人口基数和经济实力是影响科技创新的两个基础性因素。自主创新条件下，人口基数越大，经济发展水平越高，从事研发的人数就越多，新发明、新技术涌现的概率就越高。其次，超大规模市场优势还为新技术的产业化落地创造了更广阔的空间、更丰富的应用场景和更充分的试错机会。例如，在制造业领域，中国庞大的市场需求为新能源汽车的大规模量产和技术迭代创造了有利环境。再如，在服务业领域，超大规模的互联网网民数量为各类电脑和手机应用的开发、试错、快速成长创造了有利环境。不仅使得中国诞生了诸如阿里、腾讯等互联网巨头企业，而且还催生了字节跳动等新一代在全球范围内具有创新性和引领力的移动互联网企业。

随着中国经济进入双循环、高质量发展的新阶段，中国超大规模市场优势将更加明显。依托中国超大规模市场和完备产业体系，创造有利于新技术快速大规模应用和迭代升级的独特优势，推动中国创新发展的新旧动能转换。快速崛起的新动能，正在重塑经济增长格局、深刻改变生产生活方式，成为中国创新发展的新标志。

第四节　专利战略，产权意识

在21世纪的今天，我国正处于从中国制造向中国创造的伟大变革中，不论是企业，还是科研院所，都面临着技术创新的国际化竞争局面。创新能力是企业竞争力的最佳体现方式，知识产权是衡量企业创新能力的重要指标，专利是知识产权最具竞争力的一种表现形式。

一、大疆创新的专利战略

拥有自主核心竞争力是企业发展壮大的基石，技术创新是企业形成核心竞争力的必要保障，企业要保持持续的创新能力就要有研发投入。自2006年成立以来，大疆创新在创新及专利技术的开发方面都远远优于其他企业，可见其成功与其重视知识产权的积累及技术创新密不可分。在2016年无人机企业专利技

术排名中，大疆创新名列第一。专利从研发到后期的维护都需要大量的资金支
持，大疆创新持续增加专利续费投入，一方面可以看出其专利研发方向、技术
分布较为正确，重点专利突出，可以在较长时间内为企业创造价值；另一方面
持续增长的专利续费投入也是大疆创新专利战略竞争的关键一步，反映了公
司以专利作为核心竞争力的战略决策。通过归纳总结后的大疆创新专利战略
变化阶段如图5.8所示。

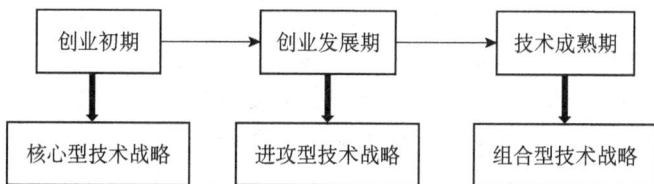

图5.8 大疆创新专利战略变化阶段

从大疆创新的专利战略变化可以总结出三个阶段：创业初期、创业发展
期、技术成熟期。在专利布局方面，创业初期的大疆创新将控制系统和云台相
关技术作为重点布局方向，在解决飞控和云台的基础上，解决航拍问题。大疆
创新在创业初期将主要精力集中于重点及核心专利项目，在前期资金及市场占
有率低时节约资金，助力关键领域的技术开发。在创业发展期，大疆创新竞争
战略的重点在于全力发挥企业优势资源，增大专利研发率，取得研发优势。大
疆创新采用进攻型技术战略，重视外围技术的积累，专利申请上以量取胜。
2010~2014年，大疆创新专利申请数量大幅提升，年申请数量从2件增加至
151件[①]。大疆创新选择通过大量研发专利来获取专利权，再利用专利技术进行
市场化，进而快速抢占市场份额，取得消费级无人机市场的垄断地位。在技术
成熟期，大疆创新的核心专利和与之相关的外围技术已经趋于完善，企业市场
基础也已经较为坚实。在高端消费级无人机领域，大疆创新的技术堡垒已经逐
渐形成。所以，2014年以后大疆创新的专利申请率相比前几年有所下降。在这
个阶段，大疆创新选择的是组合型专利战略，其具有很高的灵活性，可以帮助
企业在复杂多变的环境中选取合适的竞争策略，以应对竞争对手。这一时期，
大疆创新的专利技术实力已经趋于完备，重点转移到专利和市场的维护方向。
为应对时刻变化的科技经济环境，大疆创新采用组合型专利战略，在结合核心

---

① 程丹，周勇涛. 大疆企业专利战略变化竞争力研究. 科技风，2018，(16)：7-9.

型技术战略的基础上，有侧重地开展专利研发和市场开拓，使得企业能够在保持行业领先地位的基础上有所进步。

二、行业专利产权意识

当前，中国一些制造业企业面临挑战，生存日益困难，但以大疆创新等为代表的创新企业却逆风飞扬。造成巨大差异的是这些企业对于创新、知识产权迥然不同的态度。缺乏创新、专利，知识产权就是壁垒，使企业在市场竞争中裹足不前；重视创新、专利，知识产权就是保护，使产品能够畅通无阻。

大疆创新作为无人机领域的领先者，较早推出了以圆润造型为主要设计风格的精灵系列无人机，促进了消费级无人机的热销，也在一定程度上引领了无人机设计风格的潮流。大疆创新为了保护这种设计创新，在中国和美国等主要市场均申请了专利。在中国申请的多项外观设计专利中包括不少配件和零部件专利，建立了相对全面的专利攻击和防御体系。当市场上出现竞争对手的侵权行为时，大疆创新果断出手，提起诉讼，用专利的力量维权。在风起云涌的无人机市场大战中，大疆创新一别以往许多中国企业对于专利诉讼的保守态度，有专利做底气，多次运用专利维权，用专利支撑起自己的话语权，也促进了行业的健康发展。

传统的专利战略强调战略制定的稳定性，而随着内外部环境的不断变化，专利信息的不断更新，基于快速变化的动态竞争环境下的专利战略变化已取代了传统的专利战略管理思维，打破了专利战略的稳定性，趋向于动态的、不稳定的专利战略。若企业顽固地坚守传统的专利战略并保持一成不变，则"旧的专利战略"无法适应"新的专利环境"，最终会丧失专利竞争优势，在创新市场中被竞争对手打败。鉴于此，迫切需要建立专利战略变化的新型战略管理思想和体系，为企业的专利战略变化实践和管理提供切实可行的指导[①]。

创新是经济增长的第一动力。第一代经济增长理论（古典增长理论）认为，资源投入或要素扩张是经济增长的驱动因素，其中资本是最核心的

---

① 周勇涛. 基于动态环境下专利战略变化研究. 武汉：华中科技大学，2009.

要素。一个国家或地区经济要起飞，首先要具备相对完善的基础设施，正所谓"要致富，先修路"；还需要投入厂房、设备等资本，通过机械化生产提高劳动生产率，而这些都需要通过资本积累来实现。第二代经济增长理论（新古典增长理论）认为，资本的回报会逐步递减——这是马克思早就指出来的，因此仅靠资本积累驱动的经济增长一定会衰竭。从长期看，技术进步是一个国家和地区经济增长最重要的源泉。第三代经济增长理论（新增长理论）认为，技术进步不会自动发生，本身是投资的结果。长期经济增长要可持续，必须投资于那些对全社会来说回报递增的领域——自主创新。

大疆创新的发展讲述了一个激动人心的创新故事：从模仿到自主创新，最终领跑全球。大疆创新在无人机领域的领先地位不仅源于对创新的坚持和持续投入，还在于依托中国超大规模的市场优势、完整的制造体系与供应链优势，以及发展中大国的人力资本优势。走中国特色的自主创新之路，实现我国产业链供应链自主可控和安全稳定，大疆创新给了我们信心和启发。

第六章

管理创新

　　2018年10月28日，在仅距上市31天之际，海底捞全球首家智慧火锅餐厅正式对外试营业。这一举动再次引爆餐饮业，成为轰动一时的行业热点。通过智慧生产、智慧运营和智慧服务三大模块，结合了无人制造的海底捞，创立了餐饮业的又一新标杆。在过去一段时间里，海底捞已经成为餐饮界的一个热点，吸引了众多媒体的关注。海底捞的服务，可谓是从视觉、听觉、触觉、嗅觉、味觉出发，全方位地让消费者的"五官"享受极致体验。引发人们热议的，除了海底捞独具特色的服务，还包括它创造出的令人羡慕的高昂士气、充满激情的员工团队和出色的业绩，而这些都离不开海底捞的管理创新。

第一节 海 底 捞

一、餐饮龙头，服务取胜

海底捞全称四川海底捞餐饮股份有限公司，成立于1994年，融汇各地火锅特色于一体，是中国知名的大型连锁餐饮企业，凭借优质的服务而被大家喜爱。海底捞始终秉承"服务至上，顾客至上"的理念，以创新为核心，改变传统的标准化、单一化的服务，提倡个性化的特色服务，将用心服务作为基本理念，致力于为顾客提供"贴心、温心、舒心"的服务；在管理上，倡导用双手改变命运的价值观，为员工创造公平公正的工作环境，实施人性化和亲情化的管理模式，提升员工价值。

坊间流传着海底捞极致服务的各种桥段。例如，顾客想要打包吃剩的西瓜，被服务员婉拒，落了面子的顾客很生气，没想到在这位顾客临走时却上演了大反转：服务员准备了一个完整的西瓜请顾客带走，还贴心地用保证食品卫生来解释此前的拒绝。海底捞无处不在又超越常规的服务也格外引人注目：在等待叫号期间，顾客可以免费品尝海底捞准备的小零食、茶水，女性顾客还可以免费做美甲和手部护理等；海底捞率先提供半份起点，并且按照半价计算的服务[1]。

二、以人为本，管理创新

1. 连住利益，让员工快乐工作

海底捞在管理制度上提出了"连住利益，锁住管理"的新模式。连住利益是指将公司与员工的利益高度统一，进而激发员工的活力和创造性。锁住管理是指控制管理制度的系统性风险，实现公司的可持续发展。海底捞的工资结构分为基本工资、加班工资、工龄工资、级别工资、奖金、分红六个部分，见表6.1。

---

① 本刊编辑部. 海底捞：仅有服务是不够的. 国际品牌观察，2021，（19）：12-16.

表6.1 海底捞员工工资构成

工资类别	介绍
基本工资	鼓励员工全勤
加班工资	鼓励员工在公司繁忙时贡献力量
工龄工资	鼓励员工持续留在公司工作
级别工资	鼓励员工做更多或更高难度的工作
奖金	鼓励员工达到更高的工作标准
分红	公司整体业绩和员工个人收入挂钩

海底捞在考核时采用了三大定性指标，即顾客满意度、员工积极性和干部培养，具体是店长考核店内员工，顾客、区域经理和"神秘人"（暗访）不定期考察店长，绩效考核直接和薪酬、晋升等挂钩。除此之外，海底捞最大限度地放权给基层服务员，服务员拥有打折、换菜甚至免单的权利。

2. 公平晋升，用双手改变命运

海底捞刚刚成立时，员工大多来自农村。海底捞的员工大都从基层服务员的岗位开始，一般从初级员工到高级员工需要六个月的时间，从高级员工到店长需要八个月的时间。高级员工的工资大约是初级员工的三倍，店长的工资大约是高级员工的三倍。海底捞采用师徒制度，师傅培养徒弟也能获得提成。图6.1为海底捞员工晋升路径。

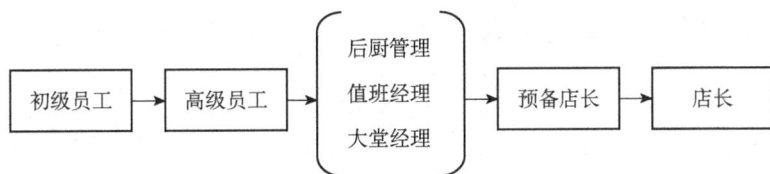

图6.1 海底捞员工晋升路径

3. 严格要求，培养高素质员工

海底捞在培训中，首先会将公司的用人原则、晋升机制、奖惩机制介绍给员工，明确规定什么事情鼓励做、什么事情绝对不能做，通过前期的培训输出高水平的员工。海底捞对员工最基本的要求是五声、四勤和四不准，如图6.2所示。

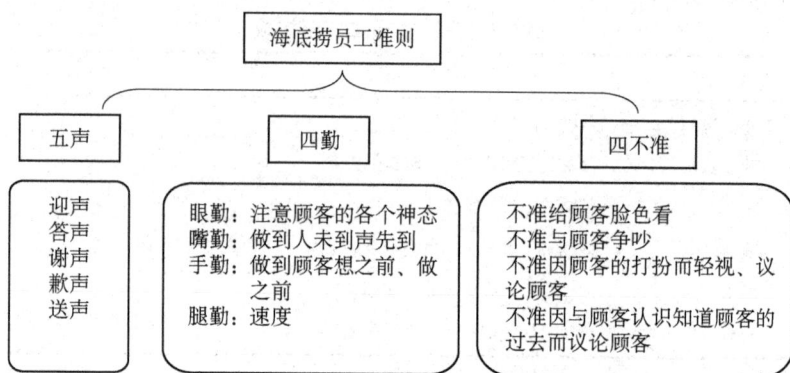

图6.2　海底捞员工准则

三、科技赋能，革故鼎新

1. 网络营销，打造品牌

海底捞在2003年开始涉足互联网，借助网络营销大大提升了消费者口碑和知名度，在2010年荣获大众点评网年度"最受欢迎十佳火锅店"。

进入移动互联网时代之后，海底捞上线了手机应用软件（application，APP），使消费者能够通过手机程序享受查询菜品、点餐订座等服务。随着微信的兴起，海底捞开通了微信公众号，实现优惠精准推送、查询门店、订购外卖等功能，大大增加了海底捞品牌的曝光机会。海底捞还积极和团购网站合作，采取现金抵扣等优惠形式吸客引流。图6.3展示了海底捞网络营销途径。

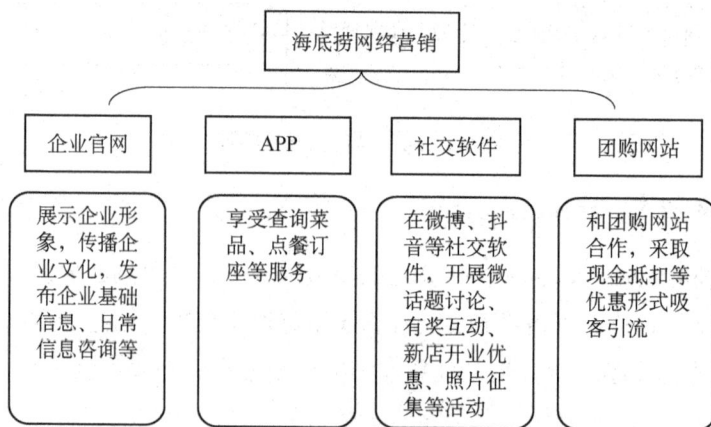

图6.3　海底捞网络营销途径

2017年，海底捞搭上了抖音的营销快车。网友利用海底捞的番茄锅底、米饭和牛肉粒自制了番茄牛肉饭，并拍视频发布在抖音上。在火锅店吃米饭的新奇吃法引起了年轻人的兴趣，很多顾客只是为了尝试这种吃法而来到海底捞。这些吃法火爆之后，海底捞第一时间对所有门店的员工进行培训，要求服务员熟练制作，并且印发了网红菜单，详细介绍各种花式吃法，甚至还专门生产了配套的制作工具，方便顾客动手尝试。线上营销加线下反哺，引爆了海底捞的流量，打响了海底捞品牌。

2. 智慧餐厅，重塑流程

2017年，海底捞和用友共同投资了餐饮云平台，对外发布了最新的"软件即服务"（software-as-a-service，SaaS）产品。2018年10月28日，海底捞推出了首家智慧餐厅，将科技与餐厅经营相结合，对顾客点餐、上菜、用餐等多个环节都进行了人工智能改造。

海底捞通过机器人实现全程的自动化服务，顾客通过点餐平板下单，自动出菜机在接收到前台点餐指令后开始配菜，将菜品放在传送带上，送餐机器人通过餐厅顶部的感应器行驶，将传菜口的餐送到餐桌前，整个过程仅仅需要约2分钟。海底捞智慧餐厅的控制中心是"智慧后厨系统"，主要分为库存管理系统、生产管理系统、能源系统三个部分，实时监控各个机器人的运行状态，菜品的库存情况、保鲜状态，收集并且多维度地分析餐厅的各个环节，当机器出现故障时，会及时反馈并启动人工服务。生产管理系统能够针对点餐量和库存数据，自动分析预测第二天的客流量和备货量。另外，菜品的库存数量和菜品保质期信息都会在大屏幕显示，让顾客来监督食品安全。和同等面积的传统门店相比，海底捞智慧餐厅的员工数可以从170～180人减少至130～150人，减少的工作人员主要集中在后厨。图6.4展示了海底捞智慧餐厅的工作流程。

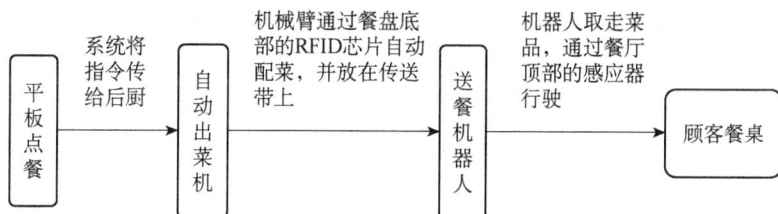

图6.4　海底捞智慧餐厅的工作流程

海底捞早在2010年就开始做自营外卖业务。自营外卖业务主要配送"大火锅"，定位在高端外卖市场，不仅仅是食物的配送，还实现了用餐场景的转移，让顾客在家就能享受到海底捞的用餐体验。海底捞自有配送员除了配送菜品和锅底，还会提供餐具、桌布，食品的再次加工，甚至服务员的服务外送。海底捞曾为某大型互联网公司提供上百名员工的外送包席服务，用冷藏车运输菜品，配置了40多名服务员。2016年，海底捞自营外卖业务"海底捞外送"从门店中独立出来。根据海底捞2016年年度财务报告，外卖业务营业额约为2亿元。

2019年7月，海底捞与饿了么合作进一步扩展外卖业务，首次推出第三方外卖业务，使上海、济南、福州等多个城市都可以订购海底捞"小火锅"。

> **思考题** ----------------------------------
>
> 1. 海底捞在员工管理上是怎样做的？这样做的创新之处在哪？
>
> 2. 中国服务业的发展现状如何？为什么发展服务业需要转型升级？
>
> 3. 什么是公司管理？对于公司来说，管理创新能带来哪些好处？
>
> 4. 中国企业在经营管理上普遍存在哪些问题？如何进一步创新？

第二节　制胜关键，管理创新

管理创新是指公司形成某个创造性思想并将其转换为有用的产品或服务的过程，富有创造力的公司能够不断地将创造性思想转变为某种有用的结果。具体来说，是指企业把新的管理要素，如新的管理方法、新的管理手段、新的管理模式等引入企业管理系统以更有效地实现组织目标的活动。在市场竞争越来越激烈的今天，企业管理需要勇于改变，持续性地进行创新。

一、差异化的经营理念

经营理念的创新贯穿于海底捞的发展历程，助力海底捞始终走在中国餐饮业的前列。海底捞选择了火锅这个具有中国特色的美食，为海底捞的起步奠定了良好的基础。火锅是中国独创的美食，文化内涵丰富，最早可追溯至战国时期，因为食物放在水中会发出咕咚声，因而又称"古董羹"。火锅经过多年的发展呈现出多种派系，根据地域和工艺可以分为川渝火锅、北派火锅、粤系火锅、台式小火锅、云贵火锅、韩式火锅等，能够兼容各种口味。海底捞的火锅以川味火锅为主，融汇各地火锅特色于一身，推出了清油麻辣火锅、番茄火锅、猪肚鸡火锅、菌汤火锅等十几种招牌锅底，以满足不同地区、不同年龄段顾客的需要。在经营方面，火锅具有口味优势和运营优势，社交属性强。火锅对烹饪技巧的要求比较低，经营效率高。和其他菜系相比，火锅的标准化程度更高，有利于连锁开店和规模化经营，这些都为海底捞的快速扩张提供了条件。

海底捞经营理念创新的典型体现则是极致服务，在其他餐饮企业一味追求饮食口味的创新时，海底捞却打响了自己的服务品牌。海底捞的经营理念是"服务至上，顾客至上"，其改变了传统餐饮企业的标准化、单一化服务，为顾客提供个性化的特色服务，打造温暖、愉悦的用餐环境。海底捞服务的精髓可以概括为主动服务，而现实中绝大多数餐厅的服务都是在顾客明确提出要求后。例如，在迎宾环节，只要有顾客往餐厅的方向走，海底捞员工就会主动迎上去招呼；每个服务员都有自己负责的区域，根据顾客的情况做出主动服务，如有小孩会立即拿出儿童椅，有老人会告诉哪些锅底和菜品适合老人，尽可能将各种信息主动告诉顾客；服务员会密切关注顾客的动向，如发现顾客眼睛看向自己，就会小跑着上前，询问顾客有什么需要。

海底捞的服务对于顾客来说是良好的用餐体验，对于海底捞来说是经营效率的提高。海底捞提供免费零食、美甲等餐前服务，避免了顾客在排队过程中的流失，增加了门店的客流量。另外，顾客用餐后往往不会立即离开，海底捞无处不在的服务实际上也起到了催促顾客用餐结束后离开的作用，提高了门店的翻台率。

二、创新的人力管理

管理制度是指企业在管理组织、管理人才、管理方法、管理手段等的安排，是实施一定的管理行为的依据，合理的管理制度可以简化管理过程，提高管理效率。海底捞的成功正是通过创新管理制度实现的。

海底捞实行"连住利益，锁住管理"的管理模式，将个人命运和企业发展紧紧联系在一起，从而实现双赢的局面。在服务行业，一般的公司往往认为顾客就是上帝，海底捞却提出员工和顾客是同等重要的。餐饮业是劳动密集型行业，只有当员工对企业产生认同感和归属感时，才会真正快乐地工作，用心去做事。海底捞有四大管理机制，分别为牵引机制、激励机制、约束机制、竞争与淘汰机制。牵引机制，明确了海底捞对员工的期望和要求，使员工能够正确地选择自身的行为，海底捞最终会将员工工作的成果纳入企业目标的实现中，提升企业的核心能力；激励机制，是激发员工主动完成某个任务的意愿，这种意愿是以满足员工的个人需要为条件；约束机制，一般指规范组织成员行为，使组织有序运转，充分发挥组织作用而制订、颁布并执行的规范性要求、规章制度以及手段的总称；竞争与淘汰机制，是指将外部市场的压力传递到公司内部，淘汰那些不适合海底捞发展要求和不认同海底捞文化的员工，从而激活企业内部的人力资源，防止人力资源缩水。

在员工考核上，海底捞摒弃了传统的考核方法，提出了顾客满意度、员工积极性和干部培养三大定性指标。利润和营业额这种传统的考核指标并不完全科学，这些指标是公司的经营结果，当公司只考虑做事的结果，而不考虑过程时就会产生许多隐形的问题。相反，只要公司经营得好，顾客满意度高，那么利润肯定也会上升。在组织机构的安排上，海底捞的观点是基层员工是关键，要尽可能地信任和鼓励基层员工。因为到店内用餐的顾客可能不认识公司的老板，也不了解公司的经营理念，他们最直接的接触就是基层员工，并且会通过基层员工的表现来判断餐厅品质的高低。海底捞最大限度地放权给服务员、店长和区域经理，这就保证了员工在工作时不会困在制度的条规中，而有更多的精力提供具有创造性的服务。管理并不仅仅是制定规章制度、奖惩措施，还是一个创造机会、挖掘潜力、排除障碍、鼓励发展的过程。海底捞的人力管理制度参考了人性假设 Y 理论，详见专栏6.1。海底捞相信人性本善，大多数员工善于自我管理，愿意对工作负责，只要公司为员工提供良好的薪酬制度、合理的晋升机制，员工就会努力工作帮助海底捞发展。

专栏 6.1　人性假设 Y 理论

人性假设是以一定的价值取向为基础对人性有选择地抽象和映射的过程，是基于一种前提预设而推导出的某种理论体系。1957年美国著名的行为学家道格拉斯·麦格雷戈提出了管理人的 X 理论和 Y 理论。其中，人性假设 X 理论，认为人性本恶，员工工作是为了生活，天生懒惰、回避责任、没有抱负等，在这种理论的驱使下管理者指挥员工一般都会采用强迫、威胁、严密监视、严加控制等各种严厉的手段，即"胡萝卜加大棒"式管理，一方面用金钱收买和刺激，另一方面严加控制、监督和惩罚迫使员工为组织做出贡献。

与之相对应的人性假设 Y 理论，则认为人性本善，企业管理的原则应该是努力为员工创造一个得以充分发挥才能的工作环境，把重点放在创造机会、发掘潜力、消除障碍、鼓励成长、提供指导的过程等方面，使员工能够通过完成工作任务满足自我实现的心理需求，以促进员工不断成长，提高员工的工作积极性，使其能够勇于接受工作中的挑战。

1970年，美国管理学家莫尔斯和洛希又提出了超 Y 理论，它既结合 X 理论和 Y 理论，又不同于 X 理论和 Y 理论，主张权宜应变，认为没有什么一成不变的、普遍适用的最佳的管理方式。管理者要进行有效的管理并取得成功，就必须根据其所处的具体环境条件来选择合适的管理理论、方法和技术。

资料来源：冀强，贾国辉，林森. 人性假设的多种模式与处理单位复杂人际关系的艺术. 领导科学，2021，(13)：86-88；荣鹏飞，葛玉辉，陈悦明. 基于人性假设的90后员工管理研究. 现代管理科学，2013，(2)：91-93；孙维维. 领导哲学视域下的"数据人"人性假设分析. 领导科学，2017，(25)：36-38.

三、前瞻性的产业布局

海底捞管理的先进之处在于不仅立足于单项业务的经营，更是将公司业务延伸到整个产业链。前瞻性的产业布局使得海底捞快速发展，成为中国市值最高的餐饮公司之一。

海底捞产业布局的第一步是供应链的建立。餐饮供应链是餐饮行业的基础，直接关系食材的安全和质量。海底捞在2011年建立了蜀海供应链，为公司提供整体供应链的托管运营服务。蜀海供应链具备产业链协同能力强、科技元素突出、研发能力强、品牌和规模效应强、食品安全控制严格等优势。在供应链的支持下，海底捞实现了全国全网平台化服务，集中化采购、中央厨房处理，统一质量管控、物流系统。

随着整个火锅产业链的逐渐完善，海底捞的产业链协同能力已成为企业重要的竞争优势。从火锅产业链来看，上游主要从事食材的采购、仓储和运输等，中游主要为火锅底料、蘸料和调味料生产，下游主要为火锅餐厅和其他配套的多元服务。海底捞针对整个产业链进行布局，建立了专门经营复合调味品的颐海国际，负责工程管理的蜀韵东方，为餐饮企业提供解决方案的微海咨询，打造海底捞自己的商业生态圈。火锅原材料的仓储和运输一直是产业链中的关键环节，海底捞建立了上海、北京、郑州等七个现代化的物流中心，并且在运输途中监控温度，以保障食材的新鲜。在海底捞产业帝国中，上中下游关联公司形成产业完整布局与较强的协同效应，这是其成为火锅龙头的核心差异化优势之一。海底捞通过关联公司整合供应链，更有效地控制食材质量和供应效率，有助于打造最有效率和最低成本的供应链。下游产业所延伸的服务涉及的类型较广，也有利于海底捞协同发展和未来战略的实施，这些都为海底捞的多元化发展提供了很好的支持。

在主营业务之外，海底捞还参与了其他餐饮类企业的孵化。例如，海底捞创始团队孵化了主营川式冒菜类等快餐产品的优鼎优。海底捞主攻火锅市场的中高端市场，优鼎优作为补充专注于火锅品牌中的快餐市场。优鼎优在2017年4月登陆新三板。2017年，海底捞对海盗虾饭进行了千万元的战略投资，为公司培育了新的增长点。

第三节　三管齐下，高质量发展

管理创新是企业拥有核心竞争力的关键，在企业发展中处于核心地位。随着经济全球化的发展，中国企业必须大胆创新，及时调整管理战略，才能使企业获得高质量发展。从近些年企业管理变革的历程来看，未来企业管理创新可以从管理目标、管理制度、管理方法三方面入手，如图6.5所示。

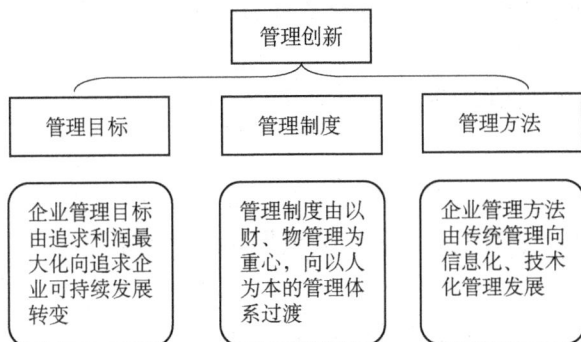

图6.5 管理创新的三大措施

一、可持续发展的管理目标

很多企业管理的唯一目标是利润最大化，这在一定程度上阻碍了企业的发展，甚至导致一些企业倒闭。在知识、技术产品等创新速度越来越快的今天，成长的可持续性已成为企业发展的首要目标。企业的可持续发展是指企业在追求自我发展的过程中，既要考虑企业当期的经营目标，不断巩固企业的市场地位，又要考虑未来发展的需要，始终保持利润和能力的提高，不能以牺牲后期的利益为代价来换取当下的发展。要想实现可持续发展，企业必须增强核心竞争力，对于顾客来说，企业的竞争力在于贡献价值；对于同行业企业来说，企业的竞争力在于难以模仿和复制。总之，无论企业的规模是大还是小，只有提高效率和创造价值，企业才有持续发展的动力。中国企业在发展中需要不断更新和调整，针对不同时期、不同发展阶段制订符合企业发展的目标，从而实现企业长期稳定的发展，进而不断巩固中国的经济实力，为中国在全球激烈的市场竞争中占据更大的市场份额做出自己的贡献。

绿色发展是企业可持续成长的内涵之一。发展绿色经济是中国现代社会发展的重要方面，绿色经营也渐渐成为企业发展的主要方向。企业在经营中，要适应社会经济可持续发展的需求，把节约资源、保护环境的理念贯穿于经营管理的各个环节，达到经济效益、社会效益和环保效益的有机统一。除此之外，企业还要根据市场的变化不断调整企业内部的经营模式、企业理念和管理方法等。有了先进的理念做后盾，企业管理创新才能有效进行，企业发展的速度才能加快，企业也才能更好地适应市场经济的发展。

二、以人为本的管理制度

在经济全球化的环境下，企业竞争实质上就是人才的竞争，大多数企业改变了以财、物管理为重心的管理体系模式，开始采用"以人为本"的管理体系。

中国企业大多十分重视激发员工的工作积极性、自觉性、能动性，以各种激励方法来培养人才、发掘人才，从而达到人尽其才、物尽其用的效果。这样，企业有了强大的人力资本，就可以在激烈的竞争中发挥人才优势，促进企业不断进步和发展。例如，海尔集团根据工作能力和业绩，把技术工人分为优秀、合格和不合格三类。每个员工的类别不是固定的，而是根据工作表现不断调整。优秀的员工表现不佳会被调整为合格，不合格的员工如果在公司提供的培训中表现不错，也会被调整到合格的队伍中，重新进入工作岗位。当然，如果不合格的员工通过培训还是不能胜任工作，就会被淘汰。这种动态的员工调整机制对海尔的员工不只是一种压力，同时也是一种动力，正是在这种不断调整、轮换和培训的过程中，员工才得以不断进步和发展。

越来越多的企业逐渐开始重视对员工的培养，充分利用各种资源对员工进行不同形式的培训，为不断提高员工的综合素质创造条件。例如，经常在企业内部开展座谈会、研讨会，加强员工思想意识、团队合作精神的培养，向员工宣传法律法规等，从思想上转变企业各部门、各阶层人员的思想观念，调动员工的积极性，使其理解和配合企业完成管理工作；加强企业文化建设，通过现代化信息手段在企业内部构建出一种科学、民主、文明、有序和谐的氛围，为企业管理制度创造良好的环境基础；同时，加强对员工的素质考核，不断优化各种监督与考评机制，加强企业管理者的自我行为约束，增强领导者居安思危的意识。总之，企业要为员工树立"以企业为家"的人文思想，帮助员工建立身份感、地位感和归属感。此外，企业还要重视人际关系的和谐，以组建有凝聚力的员工团队。

三、信息化的管理方法

环境的复杂和多变使信息也呈现出复杂、多变的特征，企业的管理方法由传统管理向信息化、技术化管理发展。

随着企业规模的不断扩大，中国企业开始引入企业资源计划（enterprise resource planning，ERP）集成化管理信息系统。ERP系统是集物质资源管理、人力资源管理、财务资源管理、信息资源管理于一体的企业管理软件，能处理物流、人流、资金流和信息流。例如，东阿阿胶建立了自己的ERP系统，以客户关系管理为重要支撑，强调生产、采购和库存管理，对资金管理实行全程监控。通过ERP系统，东阿阿胶实现了企业内部和外部资源的重组，改善了物流的传递效率，有效控制和降低了库存与生产成本；同时，强化了客户关系管理，实现了对生产体系的全面管理。企业通过ERP系统在企业与环境之间建立信息交换通道和快速的信息反馈机制。在新的价值链分工体系中，企业在各个环节中建立信息交流和共享机制，通过信息技术实现动态无缝连接，从而实现协同。信息与知识的关系十分密切，在知识经济时代，企业逐渐实现了从信息管理到知识管理的演进，使信息转化成知识，并用知识来提高特定组织的应变能力和创新能力。

第四节　创新引领，服务业升级

海底捞是中国服务业的代表，其在管理上的不断创新或许能给服务业的发展带来一些启示。服务业可以分为生活性服务业和生产性服务业，最基本的特点是服务产品的生产、交换和消费紧密结合。服务类产品的增多，能为社会增加物质财富，从而提高人民的物质文化生活水平。服务业的发展有利于优化生产结构，促进市场充分发育，缓解就业压力，从而促进整个经济持续健康发展。

一、蓬勃发展的服务业

改革开放以来，中国服务业的规模不断扩大，就业人数不断增加，服务业在国民经济中的地位逐步提高。2008 年第三产业生产总值为 136 823 亿元，2018 年上升为 469 574 亿元，增长了 2.4 倍，第三产业贡献率由 2008 年的 46% 上升为 2018 年的 59%，如图 6.6 所示。根据国家统计局网站数据，2017 年第一、第二产业法人单位数分别为 167 万家、473 万家，第三产业法人单位数为 1561 万家，远超第一、第二产业法人单位数；2008 年第三产业就业人数为 2.5 亿人，2018 年上升为 3.5 亿人，同比增长 40%，第三产业就业人数占总就业人数的比例由 2008 年的 33% 上升为 2018 年的 46%。

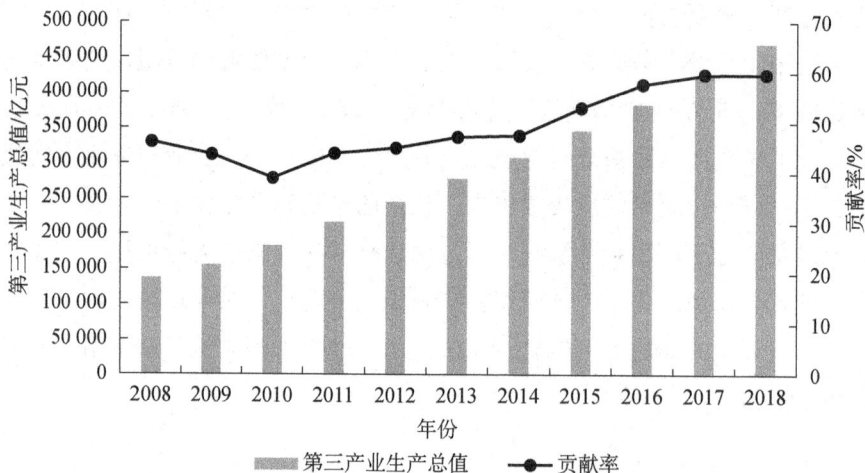

图6.6　2008～2018年第三产业生产总值及贡献率

资料来源：根据国家统计局网站（http://www.stats.gov.cn/）发布数据整理得出

近年来，我国服务业在稳步发展的同时，许多新兴产业渐次出现，服务业正处于由传统服务业向现代服务业转型的关键阶段。传统服务业主要指一般性、消费性的服务业，包括交通运输、仓储和邮政业，批发和零售业，住宿和餐饮业等；现代服务业主要是指以现代科学技术特别是信息网络技术为主要支撑，建立在新的商业模式、服务方式和管理方法基础上的服务产业，主要包括商业服务、电信服务、建筑及有关工程服务、教育服务、环境服务、金融服务等。

二、服务业的发展困境

我国服务业增加值已超过第二产业，成为第一大产业，这是经济结构发生积极变化的明显标志，具有战略意义。但从服务业发展的质量与水平上看，现在面临的短板问题也比较突出。

第一，服务业企业规模、品牌有待提升。虽然我国服务业发展迅速，但是大多大而不强，如企业整体规模偏小、缺少品牌效应、专业服务能力偏弱等。这使服务业企业在市场竞争中常处于不利地位，难以获得较大的订单。不同于制造业企业，其生产的产品更容易衡量优劣，但服务是无形的，靠口碑传播，品牌价值于企业而言更加重要。2014年世界品牌500强中，我国服务类品牌只有17个，其中金融类7家、电信3家、互联网3家、传媒3家、航空服务1家。服务业企业的品牌价值尚存在很大的行业局限性，这是制约服务业发展的重要原因。

第二，服务业技术含量有待提高。我国服务业仍然以传统服务业为主，自主创新能力不足。随着我国经济结构调整优化，服务业已经成为吸纳就业人员的主要力量。2021年，我国第三产业就业人员为35 868万人，占比48%，上升11.9个百分点。服务业就业人数占比较大且在不断增长中，服务业要想长久、快速发展需要科技力量的不断助推，服务行业的服务水平也需要借助科技手段来提高，没有创新能力的服务行业无法满足社会发展的需求。另外，服务行业需要开拓其他形式的服务模式，不应只局限于面对面地向需求者提供服务，如拓展网络市场，通过远程服务帮助消费者解决问题等。此外，缺乏创新就无法开拓新的空间，这会严重阻碍现代服务业规模的扩大。

第三，服务业国际竞争力仍显薄弱。与世界第一大服务贸易国的美国相比，中国仍有较大差距。由于服务贸易增长主要由内需拉动，进口增速高于出口，因而我国服务贸易连续多年处于逆差状态。2015年，我国服务进出口逆差达1366亿美元，成为全球服务进出口逆差最大的国家之一。从1992年开始，我国服务贸易总体竞争力指数持续为负，生产性服务业的大多数行业贸易竞争力指数也为负，表明我国服务贸易国际竞争力较弱。另外，在服务业所达成的优惠贸易安排和制定的贸易政策的友好度上，我国远低于发达国家的平均水平，也低于发展中国家的平均水平。进一步扩大服务业对外开放，以开放促改革、促发展、促创新，在更大范围、更广领域、更高层次上参与服务业国际合作与竞争，对提升我国服务业发展质量和国际竞争力具有重要意义。

三、管理创新助力服务业升级

服务业的现代化对于转变国家经济增长方式、促进价值链向高端转移具有重要意义。要用现代化的管理方式对传统服务业进行改造和升级，向社会提供高附加值、高层次、知识型的新型服务，从而实现服务业的现代化。

服务业的竞争根本上是人才的竞争，其成败取决于拥有人才的数量、质量以及用人的机制。我国服务业面临从业人数多、人才相对不足的问题，从业人员大多没有经过专业的培训，不了解现代经营理念和经营方式。这在一定程度上制约了服务业的升级和发展。要对传统服务业进行改造，就要创新人力管理制度，优化人力资源结构，全面提高劳动者的素质。以海底捞为例，公司以来自三四线城市的打工者为主体，文化水平整体偏低，这对公司的管理是很大的挑战。海底捞建立了师徒制度，并将个人收入与培养徒弟的质量挂钩，这样更有利于培养出合格的徒弟店长，从而形成裂变式增长。海底捞在2010年成立了海底捞大学，针对门店不同岗位的员工开设了专门的培训班，包括文化知识类、业务技能类等课程，以及沙盘拓展等活动。海底捞培养了一批具有知识素质和实践能力的专业人才，这对于推动企业持续发展意义重大。

管理模式创新能够帮助企业拓展市场，提高企业的经济效益。近年来，随着外商对中国投资规模的扩大，服务业企业面临着国际竞争国内化的复杂趋势，这就要求企业要相应地改变传统的管理制度、管理方法和管理体系，以适应瞬息万变的国际市场环境。传统服务业的知识和技术含量低，技术附加值低，不同公司生产的产品的差异化程度往往也很低。对于企业来说，要想在市场中占据优势地位，必须创新企业管理理念，形成独特的商业模式。海底捞通过自身的服务优势，在众多餐饮企业中脱颖而出。同时，"服务好"也成为海底捞的品牌。在市场化竞争越来越激烈的时代，通过树立企业品牌，传承企业文化，可以向大众宣传企业形象，建立起良好的公共关系。创新是一种理念，更是企业生存发展的内在要求。只有通过管理创新才能使企业的管理体制和运行机制更加规范合理，实现人、财、物等资源的有效配置。

从肯德基、麦当劳到沃尔玛、家乐福，洋品牌的入驻曾经给中国服务业带来深刻冲击——除技术创新外，管理创新也是生产力。时至今日，各行各业的中国企业家对管理创新的重视前所未有，仅全国商学院每年招收的MBA学员就超4万人。从小米的商业模式到胖东来的门店管理，中国的企业逐渐摸索出很多符合自身特点的管理模式，这对提高中国的全要素生产率，推动经济高质量发展具有非常重要的意义。

餐饮业是一个历史悠久的行业，近年餐饮"赛道"受到很多资本的青睐，其背后离不开扎根中国市场的管理创新。曾经在很长时间内被当作餐饮业服务标杆的"海底捞"，其影响力渗透到很多行业，是研究中国管理创新的典型案例。

在中国加快构建以国内大循环为主体、国内国际双循环相互促进的新发展格局的过程中，日渐繁荣的"新消费"被寄予厚望。源于中国实践、演绎中国情境的管理创新，一定能孕育出更多超越"海底捞"的品牌故事，在扩大内需的同时，成为中国经济故事最"鲜活"的一部分。

第七章

"互联网＋"

　　2016年，"十三五"规划的发布受到各方关注，全面提升服务业在经济中的占比，成为规划中给出的指导方向之一。在经济全球化环境下，若想全面提升服务行业服务质量、创新意识，完成由传统行业向专业和高端服务行业的转型升级，"互联网＋"模式将成为最直接的通道。在"互联网＋"的浪潮下，率先帮助服务行业触网的美团是一个非常典型的观察样本。身着黄色制服的美团外卖小哥穿梭大街小巷，已经不再是大城市独有的风景了，这样的场景在全国众多小城市和县城也十分常见。外卖小哥运送着餐饮、生鲜、生活用品等，不仅给居民带来了生活便利，也在2020年开始的新冠疫情的特殊时期发挥了重要作用。

第一节 美 团

一、吃得更好，生活更好

1. 领先的生活服务电子商务平台

美团作为中国领先的生活服务电子商务平台，涵盖餐饮、外卖、打车、共享单车、酒店、旅游、电影、休闲娱乐等200多个品类。截至2019年9月30日，美团年度交易用户总数达4.4亿人，平台活跃商户总数达590万家，用户平均交易笔数为26.5笔。2010年美团成立的第一年就扩张到了上海、武汉等多个城市。美团的发展大事记如图7.1所示。

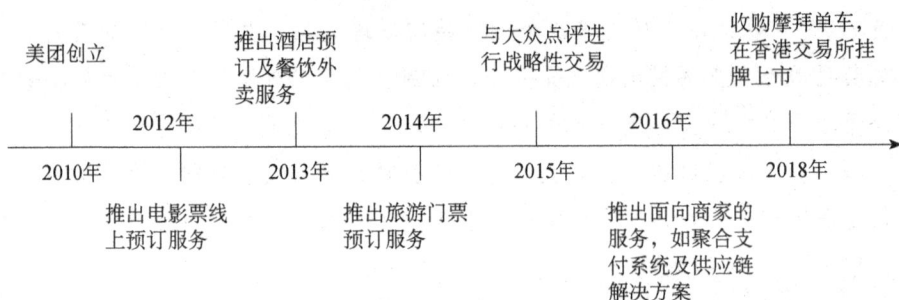

图7.1 美团发展历史

美团在战略上聚焦"Food+Platform"，即围绕着"吃"构建新平台模式，组建了两大事业群、两大用户平台以及两大事业部，对用户进行精细化运营，全面提升用户体验和服务能力，如图7.2所示。美团的使命是"帮大家吃得更好，生活更好"。"吃得更好"是人的基本需求，美团不仅希望在广度上涵盖亿万人的需求，也致力于长久地帮大家吃得更美味、更便捷、更健康。餐饮是美团的重中之重，其从营销、配送、信息技术系统、供应链等多角度全方位服务餐饮行业。除此之外，美团还要为人们的生活创造更多的价值，使人们日常生活的方方面面变得更好。例如，美团在更多的消费场景中为用户和商家创造价值，提供电影、旅游、酒店、理发等各种各样的生活服务。

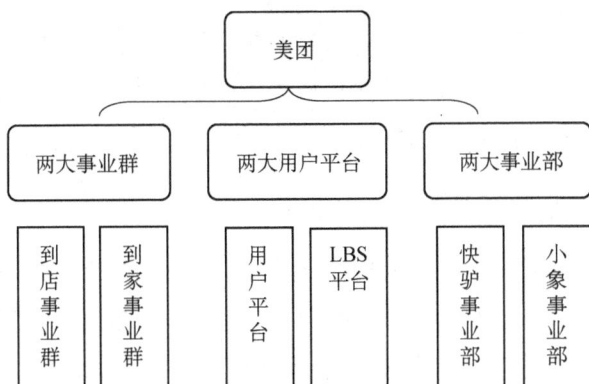

图 7.2　美团业务结构

LBS：location based service，基于位置的服务

2. 用户、商家的双业务模式

作为生活服务电子商务平台，美团成功地将人们的消费模式从线下迁移到线上，并实现了商家和用户的双赢。从服务对象来说，美团的业务主要包括两部分：一是为用户服务；二是为商家服务。在用户服务方面，美团拥有大众点评、美团外卖、美团闪购、美团单车、猫眼电影、美团民宿、美团买菜、美团跑腿等子品牌，丰富的用户生成内容（user generated content，UGC）数据库为用户提供了多样的日常生活服务选择，创新了线上交易、线下消费的新模式。在商家服务方面，美团以"让生意更简单"为使命，建立了美团外卖商家版、美团管家、快驴进货、美团开店宝等APP，给商家提供最大收益的互联网推广，帮助外卖商家提升经营能力和服务水平。例如，美团外卖商家版的主要功能包括接受处理退款，账户在线结算，管理美团外卖的门店，随时调整营业信息、商品库存等，能帮助商家轻松管理店铺。餐饮商家可以通过美团开店宝在线上自助入驻、快速开店，还可以在美团开店宝中进行自助推广、门店管理、评价维护等一系列自主运营活动。美团管家是帮助餐厅管理者实现移动管理餐厅的应用，以较低的投入提高餐厅的运营效率。

二、"互联网+"的关键一步

美团外卖是美团旗下的一款线上外卖订餐APP，主要提供线上订餐服务，后续增加了送药、跑腿、自取、闪购等附加业务。在百度外卖被饿了么并购、淘点点战略性退守之后，美团外卖已成为中国餐饮线上线下一体化（online to offline，O2O）行业中较有代表性的巨头平台。

1. 线上订餐业务

美团外卖包括用户端、商家端和骑手端三部分，为多方用户共同创造了价值。对于用户来说，消费者可以自由浏览商家并挑选餐品，选择跑腿代购、到店自取等服务，在线进行下单、支付、评价等操作。除此之外，美团外卖还提供了最近购买、相似商家、再来一单等功能，极大地优化了线上下单的操作，提高了外卖就餐的质量及体验。对于商家来说，其可以对门店及餐品进行在线管理，接受并处理用户订单，处理退款，账户在线结算，管理美团外卖的门店，随时调整营业信息、商品库存等，帮助其轻松管理店铺。对于骑手来说，其可以完成订单配送的相关操作，包括抢单、任务管理、结算提现等。截至2018年1月，美团外卖用户数达2.5亿人，合作商家数超过200万家，活跃配送骑手超过50万名，覆盖城市超过1600个，日完成订单破1800万元。

2. 智能化的配送系统

美团外卖的配送以自家骑手专送为主，美团众包、美团快送等方式作为补充，并引入了智能调度系统、智能耳机等技术手段，提升了外卖配送的及时性和安全性。美团配送服务对比见表7.1。

表 7.1　美团各配送服务对比

配送服务	费用	配送效率
美团专送	相对较高	配送员多，效率高
美团众包	相对较低	兼职人员配送，效率一般
美团快送	一般	兼职人员抢单配送，效率高

美团智能调度系统结合了先进的大数据和人工智能技术，通过分析亿级的历史订单数据、百亿级的骑手轨迹数据、上千万用户和商家的特征数据，可以较准确估计每个订单的完成时间和行驶距离。美团智能调度系统每小时路径计算高达29亿次，平均55.2毫秒便可计算出97%的最优配送路线。此外，美团智能调度系统还会综合计算天气、路况、餐箱容量等复杂的信息，节省送餐时

间，提高调度效率。美团下一步布局在无人配送方向，2018 年，美团自动配送已在中国多地完成闭环运营。截至 2021 年 9 月，美团自动配送车在北京公开道路已配送近 10 万订单，自动驾驶里程超 50 万千米，初步具备自动配送规模化运营能力。

三、多业务的"T 型"战略

美团的业务已经发展到外卖、酒店、旅游、电影、共享单车、休闲娱乐等 200 多个品类，成为中国最领先的生活服务电子商务平台。多业务的特性保证了美团的收入，同时也加大了运营难度，因此美团构筑了"T 型"战略平台，横线发展团购，纵线深入发力在猫眼电影、美团民宿、美团闪购等业务。

1. 从猫眼电影到猫眼文娱

2012 年，美团打响了"T 型"战略的第一枪，推出了猫眼电影——一个集媒体内容、在线购票、影迷互动、电影衍生品销售等服务的一站式电影互联网平台。猫眼电影的核心功能是线上购票、线下观看，可以锁定座位，提前选座，改变了传统的购买电影票的方式。在猫眼电影上，可以查看近期电影资讯，包括海报、宣传片、演员介绍，在评论区可以分享观后感，和明星互动，具有较强的媒体属性。从电影资讯、在线选座到互动社区引入，猫眼电影已形成了用户观影全过程的闭环。另外，猫眼电影为合作影院和电影制片发行方提供覆盖海量电影消费者的精准营销方案，助力影片票房。2014 年 7 月 27 日，伴随国内观众一个月的《变形金刚 4》下映。《变形金刚 4》不但创造了票房新纪录，也刷新了数个影史纪录。值得一提的是，《变形金刚 4》在中国席卷约 20 亿元的票房，国内最大的电影分销平台猫眼电影贡献了 30% 以上的票房。

2015 年，猫眼电影变身猫眼娱乐，成立独立法人实体天津猫眼微影文化传媒有限公司。猫眼娱乐提出了"猫爪模型"，由票务平台、产品平台、数据平台、营销平台及资金平台五大平台组成，服务于现场娱乐、短视频、电影、文娱媒体、剧集、音乐、艺人关键意见领袖（key opinion leader，KOL）等全文娱产业链，如图 7.3 所示。猫眼娱乐利用线下广告资源、校园触达网络提供各式的宣传活动，截至 2018 年 7 月 31 日，已经与超过 1.7 万家商户进行了异业宣传合作。

票务平台	在线票务服务从电影扩展到歌剧话剧、艺术展览等广泛娱乐形式
产品平台	为电影、电视剧、网剧、网络大电影、综艺及现场娱乐等各种娱乐形式提供娱乐内容服务
数据平台	为用户提供数据和决策支持，横跨影视、现场娱乐、综艺、视频等各个领域
营销平台	深入娱乐消费场景，实现"线上全网覆盖，线下超强整合"的效果，提供高效的娱乐营销
资金平台	通过投资出品、合作伙伴资金周转支持等方式，为行业伙伴提供资金支持

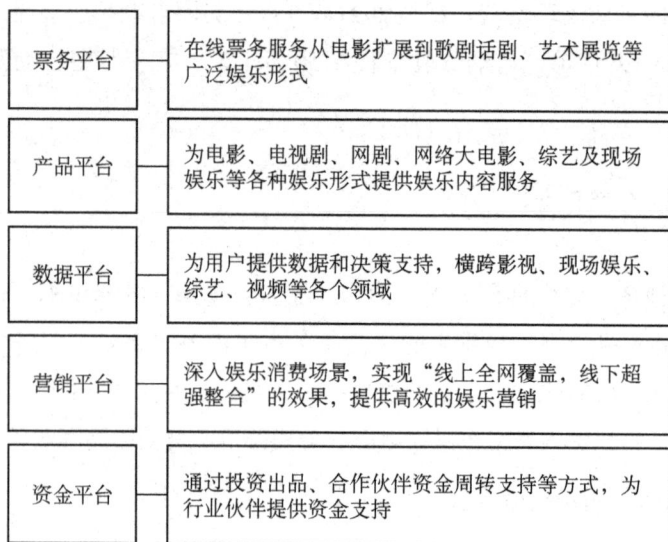

图 7.3　猫眼娱乐五大平台

2. 美团民宿，更有趣的体验

2017年，美团民宿上线。美团民宿专注为旅行者提供个性化的住宿体验，房源个性化、多样化，住宿年轻化、有趣化。相较于标准化的酒店宾馆，民宿正成为更多旅行者出游的优选项，因为旅行者可以和当地房东交朋友，体验当地风俗。

美团民宿主要服务于房东和房客，提供民宿和短租的预订服务。房东可以发布公寓或客栈房源信息，有偿分享自己的住宿资源。房客可以查询民宿、公寓、客栈房源并进行预订。房客与房东可以在线上直接沟通，及时互动，了解具体的房源信息及旅程的相关情况。房客下单之后可以查询自己所预订的订单状态，房东可以查看所有房源的预订情况。房东和房客可以查看彼此的评价信息，并且在入住后相互评价。除此之外，房东能够通过日历同步功能及时管理房态、调整价格。

3. 美团闪购，打造快零售

2018年，基于用户的生鲜食品、商超日用、服装等外卖配送需求，美团正式发布"美团闪购"品牌,美团闪购的上线对即时性消费市场做了一个重要的补充。商家根据自身的业务情况选择最适合的方式进行配送。继新零售这种创新零售形态之后,美团闪购又带动了一种更为不同的零售模式——快零售模式,效率成为美团闪购的代名词。美团闪购的崛起主要得益于两方面:一方面,美团闪购的高水准、高效率服务离不开美团母体资源的支撑。美团闪购一经诞生,迅速对接了美团在全国范围内的零售商家。在这个流量越来越稀缺、珍贵,获客成本不断攀升的时代,美团闪购迅速实现了规模经济递增效应。美团多年深耕团购和外卖业务,成熟的位置导航、订单调配以及短程配送服务,让美团闪购直接拥有了快速配送的能力。另一方面,美团闪购的快速成长也得益于零售市场的大风向。在消费升级的大趋势下,借助互联网技术实现更加高效率的零售服务势在必行,用户对更高效服务的诉求成为美团闪购破土而生的关键。电商发展遭遇瓶颈后,新零售概念顺势而生,核心仍是从消费者角度出发,为用户提供更加全面且完善的服务,美团闪购亦是如此,从即时性消费需求出发,为用户着想,才能得到用户的肯定。

思考题

1. 美团是如何将互联网与传统产业进行融合的?美团的特殊之处在哪里?

2. 什么是"互联网+"?你能举一些例子吗?互联网行业的特点是什么?

3. 你认为互联网为何在中国发展得如此迅速?这与中国的国情有哪些关系?

4. 中国互联网应该重点向哪些领域发展?你能说出一些具体的发展措施吗?

第二节 "互联网+"的新业态

"互联网+"代表着一种新的经济形态,它指的是依托互联网信息技术实现互联网与传统产业的联合,以优化生产要素、更新业务体系、重构商业模式等途径来完成经济转型和升级。"互联网+"计划的目的在于充分发挥互联网的优势，将互联网与传统产业深度融合，以产业升级提升经济生产力，最后实现社会财富的增加。"互联网+"不仅带动了商业模式创新，而且凭借技术张力使市场边界不断扩展，市场运行所需的软性和硬性基础设施在形态和功能上均发生了深刻变化。

1. 网络购物

网络购物是指通过互联网检索商品信息，并通过电子订购单发出购物请求，消费者在线上进行付款，厂商通过快递公司送货上门，现已成为人们重要的购物方式之一。淘宝是中国最大的网络零售平台，2018年淘宝交易金额达到2.689万亿元，年度活跃消费者5.52亿人；京东主打B2C平台，以自营商品为主，并建立了物流配送体系；近年迅速崛起的拼多多，则是通过拼购和低价的方式快速收获了大量用户，成为典型的社交电商；当当网以图书销售起家，是垂直B2C开放平台，主要自营业务是图书、服装、母婴和家纺等。

对于消费者来说，网络购物十分便利，不受时间、地点的限制，在下单之后，商品送货上门，和传统购物方式相比，产品种类更多，省时又省力。和实体店相比，网店经营省去了店面费等一系列费用，消费者购买商品的价格也低了很多。对于企业来说，网络销售库存压力较小、经营成本低、经营规模不受场地限制。在互联网时代，传统的营销手段已经很难吸引消费者的注意，企业要想打开销售渠道，就必须引进新的思维和方法。构建合理的网络购物平台、整合渠道、完善产业布局成为传统企业的发展重心和出路。苏宁作为连锁型家电零售企业，早在2009年就开始了互联网转型，建立了自己的B2C网络购物平台——苏宁易购，覆盖传统家电、3C电器①、日用百货等。国美电器发布了"国美美店"APP，正式进军社交电商领域，实现线上线下的一体化。对于整个市场经济来说，这种新型的购物模式可在更大的范围内、更广的层面上以更高的效率实现资源配置。

2. 餐饮外卖

在"互联网+"的时代背景下，与人们生活息息相关的餐饮业，自然也需

---

① 3C电器是计算机类（computer）、通信类（communication）和消费类（consumer）电子产品的统称。

要转型升级，以美团、饿了么为代表的餐饮新业态正在迅速崛起，培育出服务消费的新动能。截至2018年，中国外卖用户达到3.58亿人，较2017年增长17.4%，外卖市场规模突破2400亿元大关。

作为一种全新的餐饮业态，网络外卖并非对到店餐饮的替代，而是餐饮业的一次巨大变革。在线外卖让人们订餐更方便，让餐饮商家可以共享社会化的配送队伍，延伸了餐厅的服务半径。互联网技术为餐饮商家提供数据、带来客流、降低成本，扩大了餐厅的经营规模，提升了餐厅的经营效率。

餐饮在线化还在继续深入，典型的消费体验就是提前点餐、到店消费，不需要再到店排队、点菜、付款、开发票等，就餐的所有环节都在线完成。除了外卖之外，互联网和餐饮业的融合还体现在智慧餐厅、系统管理、餐饮供应链等多个方面。对于餐饮连锁企业而言，信息化是彻底改变企业经营面貌、提高管理效率的重要法宝。通过现代信息技术，利用餐饮管理系统，搭建高效共享的信息化平台，建立以总部为管理中枢的一体化管理网络，实现对餐饮企业系统而全方位的精准化和集约化管理，有利于提高连锁餐饮企业对市场的反应速度和管理效率，从而在竞争中立于不败之地。

3. 共享经济

共享经济以互联网平台为依托，以消费者之间的分享、交换、借贷、租赁等共享经济行为为基本特征，其本质是整合线下的闲散物品、资源。共享经济取代了"消费即占有"的传统商业模式，创造了以共享理念为主的全新商业模式。例如，2012年出现的共享单车模式，其通过APP寻找车辆，利用扫码等智能方式一键解锁自行车，解决了用户"最后一公里"的出行问题。小猪短租是国内最早依托共享经济，为用户提供短租住宿服务的互联网平台，其将有闲置房屋的房东和有短期住宿需求的房客连接起来。

共享经济模式是互联网的产物。互联网技术的快速发展，使得供需双方的交易模式、交易空间发生了翻天覆地的变化，通过智能信息终端，将市场交易场所虚拟化为互联网平台，快速发展的信息技术促使经济社会闲置的资源得以实现信息化、碎片化，并在此基础上，通过互联网平台将这些资源高效、灵活地组织起来，满足供需双方的需求，实现社会经济的可持续发展。在传统的市场经济条件下，交换必须以供需双方拥有各自所要交换物品的所有权为前提条件，交换的实质是所有权的交换。而在互联网时代，信息交流、共享的便捷创新了市场规则。共享经济依靠技术更深入地分解界定产权，在其交易模式中物品的所有权和使用权分离，拥有物品所有权的供给方，通过收取一定的费用出让物品使用权，实现私人生产要素的社会化，带来其价值的显著提升。需求方则通过租、借等共享方式，支付一定的费用，获得物品的使用权，满足自身的需求。

4. 短视频传播

短视频即短片视频，是一种互联网内容传播方式，一般是在互联网新媒体上传播时长在 5 分钟以内的视频内容。随着移动终端的普及和网络的提速，这种短平快的大流量传播方式逐渐获得各大平台、粉丝和资本的青睐。例如，抖音、快手、秒拍属于社区型短视频，人们可以在上面发布娱乐、新闻等短视频并进行分享；"UC 头条"、今日头条为资讯型短视频，提供新闻报道时以视频呈现；除此之外，在小红书、微博上也可以发布短视频，分享生活、产品等。

抖音作为短视频社区的典型代表，深受"95 后""00 后"的喜爱，其定位是"年轻人的音乐短视频社区"，社区型短视频因为具有社交互动的属性，本质上拥有更强的用户黏性和更大的用户吸引力。抖音擅长运用多种运营手段打开产品知名度，运营有主有辅，有线上有线下，并积极借助综艺平台开展推广。不像微电影那样具有特定的表达形式和团队配置要求，抖音具有制作简单、传播速度快、信息接受度高等特点。短视频本身的特性、短视频流量基数、生产内容质量、产业链完善为短视频商业化变现提供了可能，主要的商业模式是以原生广告为主的内容营销，除此之外还有付费分成、电商流量等盈利模式。此外，抖音在广告上还做了一些创新，投入原生态品牌视频广告，通过个性化推荐，让广告成为用户感兴趣的内容，将广告与抖音产品特性充分融合。

第三节 发展势如破竹的中国互联网

中国互联网行业的规模在不断扩张，发展速度飞快。2016 年，中国互联网的消费规模高达9670亿美元，仅略低于美国，从增长速度上看，互联网消费规模在过去的5年里年复合增长率高达32%。截至2018年6月，中国网民数量达到80 166万人，互联网普及率为57.7%，如图7.4所示[①]。2022年11月2日，中国互联网协会在厦门正式发布《中国互联网企业综合实力指数（2022）》，并揭晓"2022年中国互联网综合实力前百家企业"榜单，腾讯、阿里巴巴、百度、京东等公司跻身榜单，成为中国互联网综合实力"百强"企业。在中国，互联网能够在短时间内取得飞跃性的发展与中国国情紧密相关。

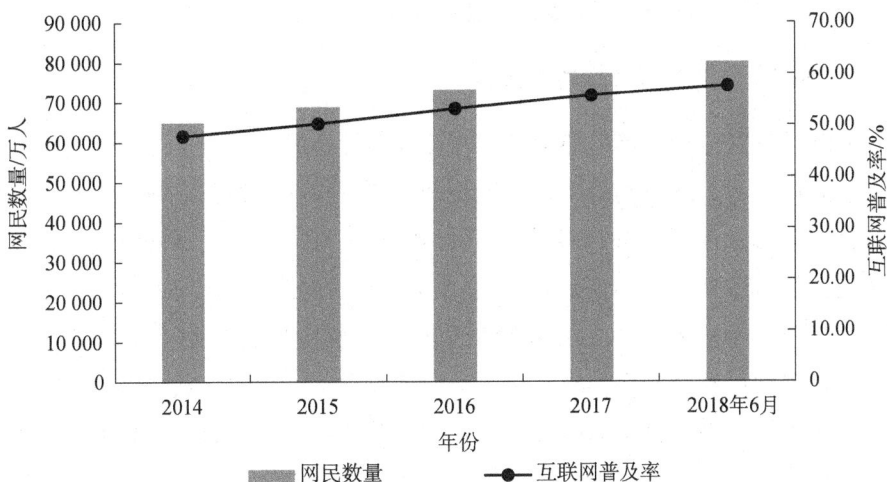

图7.4 2014年至2018年上半年中国网民数量及互联网普及率

1. 人口优势，提供互联网发展基础

中国人口基数大，发展互联网行业具有人口上的巨大优势。截至2019年6月，中国网民规模达8.54亿人，其中手机网民规模达8.47亿人，网民使用手机上网的比例达99.1%。互联网普及率从2009年的28.9%，增长到2019年的61.2%，且仍有较大的发展空间。

互联网企业要想做大，必须通过大量的用户达到规模效应。规模效应是指在生产规模扩大后，单位产品的成本就会下降，企业效益就会上升，成本下降曲线一般是线性的。传统模式中，企业规模不可能无限扩张，因为企业规模扩大会导致机构臃肿、组织官僚化、信息传递缓慢甚至失真、物流成本上升等。

---

① 网民规模超8亿 互联网普及率57.7%——第42次《中国互联网络发展状况统计报告》发布. http://www.cac.gov.cn/2018-12/25/c_1123900964.htm[2022-01-26].

当内部流通成本超过外部市场交易成本时，反向规模效应便开始起作用，企业边界得以确立，企业停止扩张。但是互联网企业不存在这样的问题，前期付出大量成本之后，平台一旦建立成功，要做的就是吸引流量，用户量增加时，企业的边际成本接近于零，利润只会越来越高，即服务更多的用户却并不需要付出同等比例的成本，如腾讯和百度等公司在服务更多用户获得收入提高的同时，相关成本并没有同等提高。互联网的本质就是一张信息网络，通过APP在用户之间能形成互动节点。在网络效应强的领域，寡头效应更明显，如社交产品的微信、QQ，团购产品的美团、口碑等。

2. 移动互联网，打开技术的大门

移动互联网是指将移动通信终端与互联网结合成为一体。用户使用手机、掌上电脑或其他无线终端设备，通过移动网络，在移动状态下随时随地访问网络以获取信息，使用商务、娱乐等各种网络服务。在移动互联网时代，公司开始实现移动化转型，从"连接人和信息"延伸到"连接人和服务"。

通过移动互联网，人们可以使用手机、平板电脑等移动终端设备浏览新闻，还可以使用各种应用程序。相对于传统互联网，移动互联网强调可随时随地，并且可以在高速移动的状态下接入互联网并使用应用服务。大量新奇的应用，逐渐渗透到人们生活、工作的各个领域，进一步推动移动互联网的蓬勃发展，移动音乐、手机游戏、视频应用、手机支付、位置服务等丰富多彩的移动互联网应用发展迅猛，正在深刻改变着信息时代的社会生活。

3. 传统行业薄弱，为互联网留下巨大空间

在发达国家，互联网为产业带来的进步是渐进的，在原先良好的基础上逐步升级产业。而中国在进入互联网时代时部分行业市场成熟度较低，有许多市场需求无法被传统产业满足，留下大量市场空白。互联网解决了传统产业的痛点，得到了跳跃式成长的机会，在某些领域甚至成为主导市场的力量。

中国市场经济的发展越来越受制于软性基础设施不完备和社会资本的匮乏。不少行业的市场信号体系失真，不能有效调配供需资源，同时行业规则、信用和诚信、交易平台等基础的薄弱直接导致交易和协作的高成本，其负面影响主要反映在对创新的制约等方面。在此背景下，互联网有助于加速社会资本

的积累和软性基础设施的建立，特别是在政府适当的引导支持下，社会交往和经济交易产生了社会资本的良性积累。这些也是中国互联网与传统产业结合紧密的主要原因，如图7.5所示。

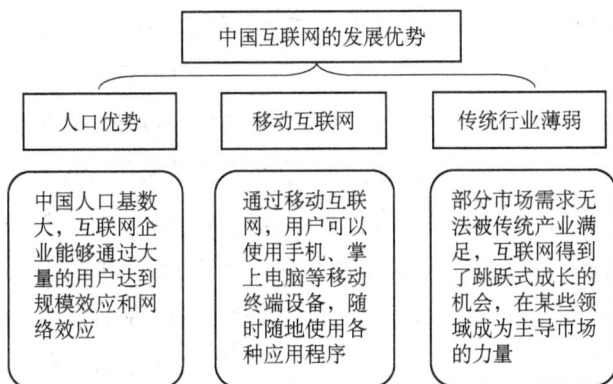

图7.5 中国互联网的发展优势

在2020年新冠疫情暴发的大环境下，互联网平台发挥了不可忽视的作用，其中引起热议的便是社区团购。在"双循环"新发展格局背景下，零售企业尝试寻找更多的业绩增长点，而社区团购正是在这种背景下，被送上了 2020 年下半年发展的"风口"。社区团购是互联网平台以生鲜经营为切入点，利用社会门店资源和门店流量，对社区商圈和下沉市场的一次大规模的立体化布局，以期实现新一轮的市场拓展和流量增长。应用得当，社区团购可以成为零售企业应对新冠疫情的重要帮手，而社区团购不断下沉的发展轨迹，也在冲击和重构原来的竞争格局。

第四节 构筑"互联网+"的未来

在今后的发展中，应顺应世界"互联网+"的趋势，充分发挥中国互联网的规模优势和应用优势，推动互联网由消费领域向生产领域拓展，加速提升产业发展水平，增强各行业创新能力，构筑经济社会发展新优势和新动能。

1. 从消费互联网到产业互联网

消费互联网格局已定，产业互联网时代开启。消费互联网是以个人为用户，以日常生活为应用场景的应用形式，为满足消费者在互联网中的消费需求而产生的互联网类型。近年来，互联网对产业的影响正在凸显，互联网主体已经逐渐渗透到企业和全产业链条、全生命周期，产业互联网时代已经到来。产业互联网是指传统产业借力大数据、云计算、智能终端以及网络优势，提升内部效率和对外服务能力，是传统产业通过"互联网+"实现转型升级的重要路径。

消费互联网的服务对象是个人，正在改变人们的生活方式。产业互联网区别于消费互联网，泛指以生产者为用户，以生产活动为应用场景的互联网应用，其改变了社会的生产方式，体现在互联网对各产业的生产、交易、融资、流通等各个环节的改造。消费互联网的普及是由个人电脑、智能终端、网络连接成本的下降推动的，产业互联网的突破是由更低成本的传感器、数据存储和更快的数据分析能力推动的。从推动因素来说，消费互联网得以迅速发展是因为个人生活体验借助互联网得到了极大提升，购物、阅读、娱乐、出行等因为互联网的出现变得更加方便、快捷。产业互联网则会因为更高的生产、资源配置、交易效率而得到快速推进。

产业互联网与消费互联网又是相互融合的，产业互联网的发展建立在消费互联网基础上，借鉴消费互联网成熟的运行模式，引入消费端流量进行需求分析洞察，同时基于互联网共享思维对传统产业进行渗透、改造及重构，推动线上与线下场景的融合，并通过信息流通与资源共享构建数字世界与实体世界之间的广泛互联。

2. 产业互联网的分类

每个企业所处的行业、规模和发展阶段不同，面临的痛点和需求也不同，导致企业服务的多样性和复杂性。产业互联网主要分为三类：

（1）云基础设施服务，包括基础设施即服务（IaaS）、平台即服务（PaaS）和托管私有云服务，主要由大型软件厂商和互联网公司提供，云服务可以将企业所需的软硬件、资料都放到网络上，在任何时间、地点，使用不同的信息技术设备互相连接，实现数据存取、运算等操作。云服务提供公司包括亚马逊

AWS、微软 Azure、IBM Cloud、谷歌云、阿里云和腾讯云等。2018年，工业和信息化部印发了《推动企业上云实施指南（2018—2020年）》，推动企业利用云计算服务加快数字化、网络化、智能化转型，推进互联网、大数据、人工智能与实体经济深度融合。

（2）企业级软件即服务（SaaS），指为企业提供的软件服务，涉及企业生产经营活动的各个方面，通用的主要有客户关系管理、人力资源、企业资源计划、财务、即时通信等。企业级 SaaS 主要有两类：一类是企业软件厂商由授权许可模式向订阅付费模式的云化转型；二是独立 SaaS 厂商。企业管理软件不仅能帮助员工摆脱烦琐的低级劳动，提高工作效率，减少工作出错率，更重要的是可以为企业带来流程化、规范化的管理模式，实现企业管理信息化。

（3）企业对企业（business to business，B2B）交易服务，指企业在互联网上发布供求信息，并向供应商订货或接受客户订货，完成支付过程及票据的签发、传送和接收，确定配送方案并监控配送过程。B2B平台主要围绕电商和支付环节展开，以提升企业的交易效率。

3. 产业互联网的应用

产业互联网可以理解为产业互联网化，即"产业+互联网"，是通过制造业、农业、能源、物流、交通、教育等诸多传统产业领域与大数据、云计算、智能终端等新兴信息技术的融合创新，实现传统产业的转型升级。

在农业领域，建设网络化、智能化、精细化的现代生态农业新模式。推广农业互联网应用模式，发展精准化生产方式，实施智能节水灌溉、饲料精准投放、农机定位耕种等。利用互联网提升农业生产、经营、管理和服务水平，支持互联网企业与农业生产经营主体合作，为灾害预警、耕地质量监测、重大动植物疫情防控、市场波动预测、经营科学决策等提供服务。此外，还要推广二维码、无线射频识别等信息技术，完善农副产品质量安全追溯体系。

在制造业领域，推进智能制造、大规模个性化定制和服务型制造。重点研发工控系统、智能感知元器件、工业云平台、操作系统和工业软件等核心环节，加快推动核心技术在生产过程中的应用，推进生产装备智能化升级、工艺流程改造。利用互联网整合市场信息，对接用户个性化需求，推进设计研发、生产制造和供应链管理等关键环节的柔性化改造，开展基于个性化产品的服务模式和商业模式创新。

在公共服务领域，发展基于互联网的医疗、健康、养老等新兴服务，创新政府服务模式。利用移动互联网，提供在线预约诊疗、候诊提醒、划价缴费、诊疗报告查询、药品配送等便捷服务，构建医学影像、健康档案、检验报告、电子病历等医疗信息共享服务平台。鼓励养老服务机构应用基于移动互联网的便携式体检、紧急呼叫监控等设备，搭建养老信息服务网络平台，提供护理看护、健康管理、康复照料等居家养老服务，提高养老服务水平。

4. 助力中国的产业升级

互联网本身的高效实时、跨区域、普惠等特性与生产活动中各环节的结合可有效提升生产效率。同时，互联网是产业优势平台价值的催化剂，拥有线下优势资源的产业平台，借助互联网可以实现信息平台、交易平台、定价平台等多重功能，进一步增强对产业链的掌控能力。互联网对产业的影响是全面而深入的，从细分领域来说可以从生产、销售、融资三方面进行分析。

在生产体系方面，产业互联网将生产制造的过程更大程度地机器化，并采用智能分析系统，以达到精准控制、无人生产的目的，提高了生产的自动化程度。另外，产业互联网时代充分尊重用户需求，在产品设计和功能设计上，更加强调用户参与和个性化定制，如海尔采用在线定制模式，为用户量身打造适用的家电产品。在销售渠道方面，电商平台已经实现了在线交易、在线支付功能，并且将线下的物流、退货等业务流程进行线上管理，实现了线上线下的一体化。特定商品领域的垂直企业电商平台深入发展，钢铁、化工产品、农产品、中药等各种线上商品交易中心成立，个别平台已经打造成具有商品定价能力的电商平台，如上海钢联建立的"我的钢铁"网站可以提供撮合交易、金融服务、物流整合三位一体的钢贸服务。在融资方面，互联网金融由于其低成本、高效率，能更有效地解决信息不对称问题，在中小微企业的融资领域发挥着重要作用。

构建强大、智能、安全的产业互联网，有利于推动中国的产业升级。产业互联网使企业能够统揽全局，畅通供应链，打通上下游，做大生态圈，降低生产流通成本、提高运作效率，从而实现个性化智能定制。通过数字化、网络化、智能化手段对价值链不同环节、生产体系与组织方式、产业链条、企业与产业间合作等进行全方位赋能，推动产业效率变革。

20世纪70年代以来，信息技术革命成为世界经济增长的主要推动力，互联网的兴起深刻改变了人类的生产和生活方式。中国把推动"互联网+"上升为国家战略，依赖完善的信息基础设施、全球最大的互联网人群，推动了互联网与各行各业的深度融合，丰富的互联网应用场景与业态、近乎"全覆盖"的移动支付，使"互联网+"成为中国经济故事里令人目眩的一章。

中国有很多"互联网+"头部企业，在各个细分市场拥有很高的市场份额。和美团一样，互联网平台使一些传统行业切换到数字化的新轨道，涌现出很多新的业态、新的商业模式，通过缓解信息不完全、降低交易成本、促进专业化分工、提升劳动生产率，全面提升了经济效率。

随着信息安全、反垄断等相关监管措施的常态化，"互联网+"在中国进入规范发展的新阶段。另外，中国把数字化战略提升到前所未有的高度，大数据、云计算、物联网等新一代信息技术正加速向工业领域融合渗透，"互联网+"的内涵将出现更深刻的变化。产业数字化的故事有无限可能，"美团"们只是序章。

第八章

文化自信与创意

　　2018年纽约时装周上，随着闪光灯的不断闪烁，"中国李宁"出现在了秀场上。"李宁"以"悟道"为主题的这场大秀可以说是惊艳了国人，也惊艳了世界。余温不减，2019年纽约时装周上，"李宁"以"行"为主题，将中国底蕴注入现代运动潮流文化中，赋予其独特的中国气质。有趣的是，"李宁"还将此次时装周部分产品的设计灵感来源祖国名山的代表性地名呈现在了秀场中，以站台的形式演绎都市行者往来穿梭的潇洒心境。让人不禁感叹，"李宁"真的是将中国文化与潮流结合到了极致。曾经代表"土气、廉价"的国货成为潮流，这绝不仅仅是设计和营销的功劳。"国潮"崛起的背后是中国文化自信的提升。而文化力量正是一个国家、一个民族发展更基本、更深沉、更持久的力量。

第一节 "李宁"

一、品牌诞生，繁荣鼎盛

1. 品牌的诞生之路

1990年8月7日，在世界屋脊青藏高原，李宁作为运动员代表，身穿雪白的"李宁"品牌运动服，庄严地从藏族姑娘达娃央宗手中接过了亚运圣火火种。整个亚运圣火的传递过程，有2亿人直接参与，25亿中外观众通过新闻媒体知道了"李宁"品牌。从这一刻开始，"李宁"真正横空出世。

在青藏高原的亮相使得刚刚成立的"李宁"成为中国第一家赞助国际体育比赛的本土体育品牌，开创了中国体育用品品牌经营的先河。1992年，在巴塞罗那奥运会上，中国奥运体育代表团穿着印有鲜明标志的"李宁"运动服出现在开幕式上。自此，中国运动员开始在国际赛事中使用中国民族运动品牌，这也是"李宁"从中国走向国际的第一步。

2. 品牌的繁荣之路

2005年，"李宁"与 NBA 签约，成为 NBA 的合作伙伴。"李宁"开始了其国际化道路，这也是国内第一批开始走国际化道路的运动品牌。2008年，在北京奥运会盛大的开幕式上，李宁在钢索的牵引下飞向天空，迈着太空步点燃奥运圣火，这不仅成为奥运会的经典瞬间，也是李宁人生中不可多得的高光时刻。2009年，"李宁"全年收入已经突破80亿元，在2008年创纪录业绩的基础上再次实现25.4%的强劲增长。"李宁"在2009年的另一个收获就是跑赢了阿迪达斯，首次在国内市场实现了对阿迪达斯的超越，坐上了仅次于耐克的"第二把交椅"。

二、转型失败，王者归来

随着国际知名品牌的进入和本土"草根"品牌的崛起，"李宁"面临日益激烈的市场竞争。为了走出这一困境，公司开始转型，但是却遭遇了滑铁卢。

从2015年公布的财报来看，2014年"李宁"的业绩依然十分惨淡。为了阻止颓势，已退居幕后的创始人再一次被推向台前。2015年公司宣布执行主席李宁将兼任代理行政总裁。

1. "互联网+"思维下的重新定位

再度回归的"体操王子"面对的是一个更加错综复杂、竞争更加激烈的市场环境。电商等业态的迅速发展给线下实体店铺带来巨大冲击，以安踏为代表的本土品牌借机弯道超车、加速争夺市场。冷静分析市场形势并前瞻未来之后，李宁对公司的业务战略和策略进行了再调整，改变公司的定位是第一步。从体育装备提供商向"互联网+运动生活体验"提供商转型，以渠道、零售运营能力、产品为三大支柱，辅以多维度的营销策略，致力于提供与数字化结合的"李宁"体验式价值。国内知名运动品牌在"互联网+"模式下的具体体现见表8.1。

表 8.1　国内知名运动品牌在"互联网+"模式下的具体体现

品牌	"互联网+"模式	具体体现
"李宁"	互联网+运动生活馆	和华米合作，研发智能产品；与京东合作，京东提供电商业务整体解决方案
安踏	互联网+渠道	联手新浪打造体育联盟，采取多条道路做电商，包括代运营、托管、直通车、官网旗舰店等
特步	互联网+物流+新玩法	联合顺丰实行"互联网+物流"；携手"中国人体三维数据交互领导者"——数据交互平台"随型"
匹克	互联网+推广	中国运动品牌第一次以众筹方式进行新品的预告推广

2. 线上线下一体化的全渠道战略

"李宁"搭建了一个相当于中台的全渠道平台，以保证线上下单，线下门店或仓库发货。随着电商运输管理系统（oTMS-EC）解决方案的实施，"李宁"全线打通B2B、B2C和O2O等多种类运输需求，在全渠道物流信息化的道路上又迈出了坚实的一步，从而最终实现全渠道供应链管理一体化。oTMS-EC平台功能流程如图8.1所示。

在"李宁"看来，全渠道是零售模型下的重要一环，核心在于获取用户购买习惯数据。因此，"李宁"正不断采集消费者数据，并对消费者做标签和行为分析，最终形成消费者画像，为大数据分析和预测做准备。最终，"李宁"

希望通过推行单店订货的方式，拉近与消费者的距离，并实时监察零售情况，实现及时补单、推出快速反应产品。

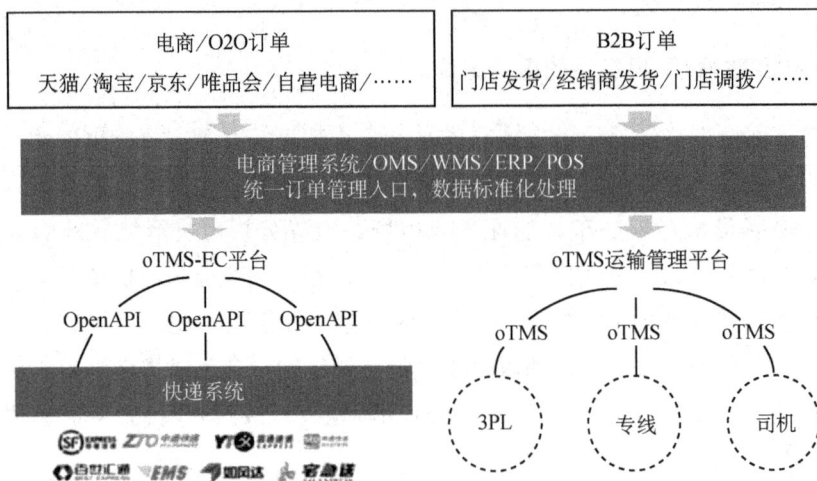

图8.1 oTMS-EC平台功能流程图

三、"国潮"时代，文化自信

自李宁重返公司以来，在品牌建设与品牌年轻化上投入了很多精力，但是仍然没有扭转消费者对"李宁""陈旧"的刻板印象。

1. "中国李宁"掀起"国潮"热

为了改变"陈旧"的形象，"李宁"在天猫纽约中国日邀请的契机下，登上纽约时装周，却意外获得热烈反响。作为万众瞩目的第一个登陆纽约时装周的中国运动品牌，"李宁"在2018纽约时装周上的主题为"悟道"的时装秀正式亮相。秀场上亮相的"中国李宁"限量卫衣、悟道系列球鞋等一众单品，均承载着独到的中国元素，同时又洋溢着时下流行的潮流气息。

"李宁"用运动的视角来表达对中国传统文化和现代潮流时尚的理解。紧接着，2018年6月的巴黎男装周和2019年2月的纽约时装周都出现了"李宁"的身影。人们甚至来不及发问，一个专业运动品牌为何突然对进军时尚界如此上心，便意识到时尚已经成为当今人们谈论"李宁"时不可忽略的关键词。

2. "国潮"背后的文化自信

潮牌不是靠一天、一个月、一年打造出来的。改头换面的"李宁"换了标语——"中国李宁"。在文化自信高涨的时代，这四个字真的很燃。"李宁"将"国潮"自信"传染"给消费者，靠的是什么呢？那就是文化原创。

2018年之前，"李宁"也不会想到，自己有一天会成为"国潮"品牌的领头人。"国潮"是中国品牌和时尚消费叠加的产物。2018年"国潮"开启，2019年"国潮"澎湃，其背后是生产体系、消费能力和文化心理的对接、融汇和支撑。归根结底，"国潮"是时尚消费热潮的中国化，其深层是国人文化自信的持续性高涨。2012～2017年全球潮牌销售规模如图8.2所示。

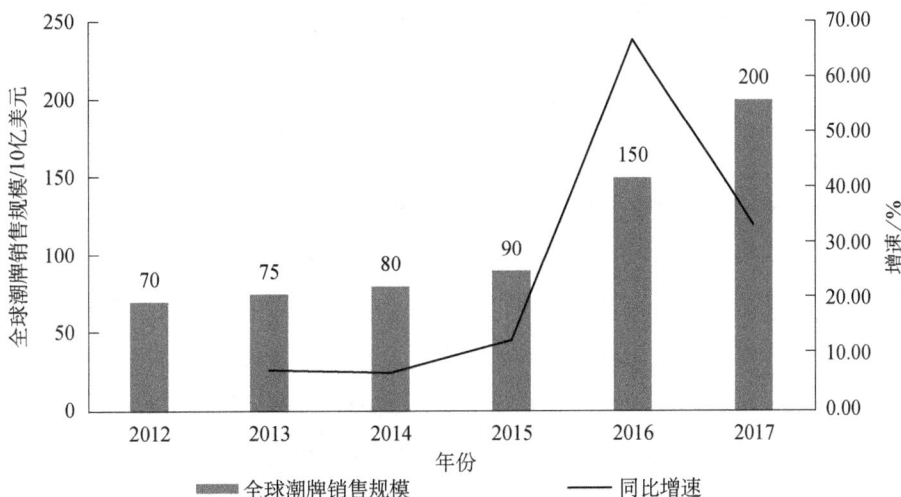

图8.2　2012～2017年全球潮牌销售规模

资料来源：李宁亮相纽约时装周 中国潮流消费市场开始崛起.

https://www.qianzhan.com/analyst/detail/220/180220-3cc1a695.html[2021-09-20]

说起"国潮"的发展，自然离不开消费群体的消费观念。中国作为庞大的消费大国，为"国潮"品牌的发展提供了较好的市场环境，这也说明中国的潮流市场是非常有发展前景的。虽然，现在还没有一个完整的发展体系，但是随着更多优质品牌的崛起，以及相对较高的性价比，越来越多的朋友对"国潮"产品产生了浓厚兴趣。在此背景下，除了"中国李宁"之外，故宫博物院开发的系列文创产品、百雀羚等国货化妆品，都曾因给国人耳目一新的品牌感受而一波波地"刷屏"，引发热议。2015～2017年有货平台国产潮牌入驻数量如

图8.3所示。

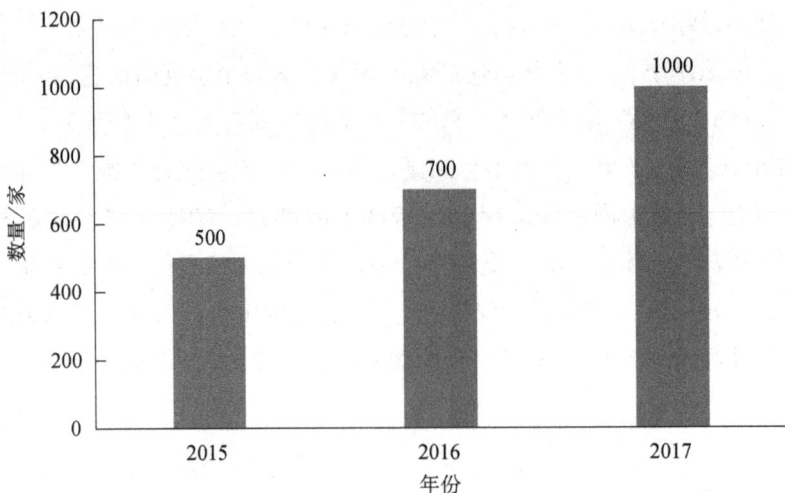

图8.3 2015～2017年有货平台国产潮牌入驻数量

资料来源：李宁亮相纽约时装周 中国潮流消费市场开始崛起.
https://www.qianzhan.com/analyst/detail/220/180220-3cc1a695.html[2021-09-20]

　　文化是一种生活方式。任何生活方式最终都要通过一系列吃穿用度的东西体现出来，这当然就和市场的生产体系直接相关。改革开放以来，国家合理地处理积累和消费的关系，从谨慎地融入全球化到主导全球化，中国在经济和生产上的实力和自信今非昔比。在改革开放时代成长起来的青年，从出生就沐浴着和平、发展和繁荣的雨露。他们在多样化的消费环境中，秉持着个性化的生活理念，自主地选择生活方式，注重生活品质。他们中不少人也曾崇拜韩、日、欧美等文化，但是他们的个性化和精致化需求，反过来也刺激了中国品牌在工艺流程、审美水平、创意能力上的提升，构成了"国潮"崛起的强劲动力。我国潮流消费主要年龄层占比如图8.4所示。

　　如今，除"李宁"外，越来越多的品牌走上"国潮"的道路，积极寻找与中国元素的连接，制造出符合时代特色的"国潮"产品。如今，许多"国潮"拥有出色的设计、过硬的做工和合理的价格。中国作为世界消费大国，为"国潮"的发展提供了良好的条件。"国潮"品牌很多具有融合古今、汇通中外的特点，但是它们的基本价值立场都是中国的，是中国传统的当代转化和激活，其中凝聚着中国人的价值追求、审美意识和行事规则。党的十八大以来，对优

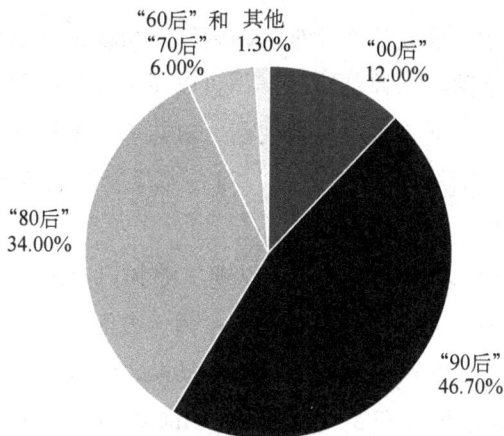

图8.4　我国潮流消费主要年龄层占比

资料来源：李宁亮相纽约时装周　中国潮流消费市场开始崛起.

https://www.qianzhan.com/analyst/detail/220/180220-3cc1a695.html［2021-09-20］

秀传统文化的重视，对社会主义核心价值观的弘扬，对文化自信的召唤，都极大地提升了年轻人对祖国文化的认同。这种自信很自然地会转化为消费中的审美和价值依据，"国潮"的崛起，也就有了深厚的文化底气①。

> **思考题** --
>
> 1. 你认为"李宁"为什么能够重回巅峰？
> 2. 如果有机会参加"国潮"品牌的建设，你有什么建议？
> 3. 请你分析"国潮"时代到来的原因，并说明"国潮"时代的到来意味着什么？
> 4. 什么是文化自信？文化自信的来源主要有哪几个方面？

第二节　"国潮"时代与中国品牌的崛起

一、"国潮"时代

"国潮"，是当下热词之一。品牌好奇它，设计师谈论它，时尚圈关注它，

------

① 杨晓华."国潮"涌起 彰显深层文化自信. 中国文化报，2019-11-23，第四版.

年轻人追捧它。但是，到底什么才是"国潮"？当谈论"国潮"时，又在谈论什么？"国潮"就是国内潮牌？2018年，可以说是国货回归的一年。例如"李宁"空降纽约时装周；老干妈、云南白药、双妹等大家极其熟悉的老品牌纷纷通过跨界联名推出潮流单品；以飞跃、回力为代表的老牌国字号重新受到年轻潮人的青睐；等等。

"国潮"是对文化表达的新方式。纵观美潮和日潮之所以能够广泛流行，一方面源自时尚、前沿、个性的设计风格；另一方面源自品牌对本土文化的表达和彰显。以美国潮牌 Stussy 为例，品牌最具标志性签名设计的初衷是为了致敬20世纪70年代兴起的涂鸦文化；而 Supreme 彰显的则是风靡美国的滑板文化，偶尔它还会用某件单品复刻时下的社会文化现象。由此可见，起源于某个国家的潮流品牌，之所以能在短时间内流行并吸引大量年轻消费者，基于国情的文化渗透起到了至关重要的作用。

二、中国品牌的崛起

提到"国潮"文化就不能不提北京故宫。作为一个已拥有近600年历史的文化标志，其文创周边产品设计成功帮助这样一位"高龄老人"不仅"翻了新"还"翻了红"。2013年，故宫文创产品的销售额仅为6亿元，而到了2017年仅仅1年的时间其文创产品的销售额已超15亿元，在售文创产品种类超过1万种。故宫提出，以往故宫文化产品注重历史性、知识性、艺术性，但是由于缺少趣味性、实用性、互动性而缺乏吸引力，与大量消费群体，特别是年轻人的购买诉求存在较大距离，因此必须在注重产品文化属性的同时，强调创意性及功能性。故宫参观人数的变化也从侧面说明了这一点——2018年故宫参观人数创新高，达1700万人次，其中30岁以下游客占40%，显然，"90后"和"00后"已成为前来参观的主力人群[①]。

作为民族企业的健力宝也跻身"国潮"文化中，推出了全新的文化罐，与新生代插画师深度合作，将蕴含中国特色的插画印在罐身，通过经典和潮流的碰撞，秀出中国风。2019年9月19日，健力宝与故宫正式签署授权合作协议，

---

① 林秋圆. 文化IP生态圈及工业设计视角下我国博物馆文创的发展之道——以北京故宫博物院为例. 普洱学院学报，2020，36（1）：100-102.

实现了文化艺术界与运动饮料界知名品牌的跨界联手。一直以来，故宫都是中华传统文化的集大成者，而健力宝是中国体育事业快速发展的参与者、支持者、见证者。此次联手合作，必将在实践"文化自信"、传承中华传统文化、弘扬中华体育精神方面碰撞出新的火花。

文化不仅能够激发众多个体的共鸣，也会让品牌更具备符号价值。衡量一个品牌做"国潮"是否成功，先要看它是否有传统文化的基因，再看它能否将传统文化与当下潮流相融合，而更具时尚感。不同行业的产业价值链表面上差不多，但实际上不同行业产业价值链中起主导作用的环节是不一样的。例如，华为这种信息与通信技术行业，技术、专利占主导地位；再如，消费品行业，技术也很重要，但技术只是支撑，占主导地位的是品牌，文化对这一类产品非常重要。

中国品牌要想迈向高端，需要厚植文化这片沃壤。品牌建设注重彰显我国特色文化，注入中国元素，使中国品牌成为诠释国家文化软实力的重要载体和窗口。例如，我国的旗袍，以其优美的曲线，展现出独具中国韵味的诗情画意，成为女性展现典雅气质的上品之选。在构建本土高端品牌时，要培育企业核心价值理念，在使产品满足消费者对其本身功能的需求基础上，为消费者提供高质量、高性能、高价值的感受。通过构建企业品牌文化，将特有的中国元素与优质的产品完美结合，形成企业传统文化沉淀与精湛工艺完美结合的品牌核心价值。例如，我国的五粮液以儒家中庸文化为文化品质，并以其"各味谐调，恰到好处"的品质与中庸文化融为一体，体现出该品牌的核心价值。企业还要不断创新，使高端品牌更独特、精致，为品牌核心价值的维持与发展不断注入活力[①]。价值链及品牌价值链见专栏8.1。

专栏 8.1 价值链及品牌价值链

价值链的概念首先由迈克尔·波特于1985年提出。最初，波特所指的价值链主要针对垂直一体化公司，强调单个企业的竞争优势。随着国际外包业务的开展，波特于1998年进一步提出了价值体系的概念，将研究视角扩展到不同的公司之间，这与后来出现的全球价值链

---

① 秦陇一，尹艳琼. 重塑品牌价值链：提升我国高端品牌竞争力的途径探讨. 广州大学学报（社会科学版），2015，14（3）：53-59.

概念有一定的共通之处。之后，寇伽特（Kogut）也提出了价值链的概念，其观点比波特的观点更能反映价值链的垂直分离和全球空间再配置之间的关系。2001年，格里芬（Gereffi）在分析全球范围内国际分工与产业联系问题时，提出了全球价值链的概念。全球价值链的概念提供了一种基于网络、用来分析国际性生产的地理和组织特征的分析方法，揭示了全球产业的动态性特征。不同行业的产业价值链——微笑曲线示意图如图8.5所示。

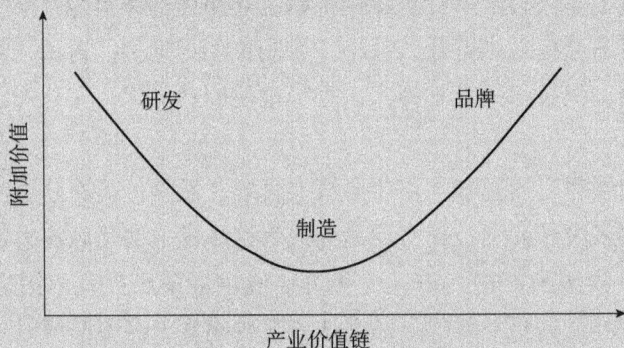

图8.5　微笑曲线示意图

所谓品牌价值链，就是以企业向用户承诺的最终品牌价值为导向和目标，从企业经营的整个业务链入手，梳理和改善每一个环节，使之符合品牌价值的要求。这样的价值链贯穿于企业经营的所有环节，包括产品研发、采购、生产、分销、服务、传播等。构建品牌价值链的第一步是定义向用户承诺的品牌价值。和较为狭隘的品牌价值观不同，品牌价值不仅仅是一系列有形的、功能方面的特性，还有其无形的、情感方面的利益以及"身份"标识，而且后者是长期竞争优势和持续忠诚度的基础。

第三节　文化元素赋能文化创意产业

文化创意产业依托原有的文化要素把熟悉的东西熔铸成一种新的特性，以生产和提供精神产品为主要活动来满足人们的文化需要。它是在当前经济迅速发展背景下所产生的新产业，是强调主题文化和文化因素依靠个人或团队，运用技术、创意等进行开发营销知识产权的行业，旨在促进居民消费从以"物质消费"为主向以"精神文化消费"为主转变。

一、文化创意产业的发展历程

改革开放以来，中国的文化创意产业迎来了重大的发展机遇，取得了长足的发展，随着经济社会发展经历了预热期、初创期、体制改革攻坚期等不同阶段，呈现出不同的阶段性特性，如图8.6所示。建设和发展以创新、创意、创造为核心的文化创意产业正在成为建设文化强国、提升整体竞争力的战略目标[①]，这不仅是国家文化软实力的体现，也是国家综合实力的重要表征。

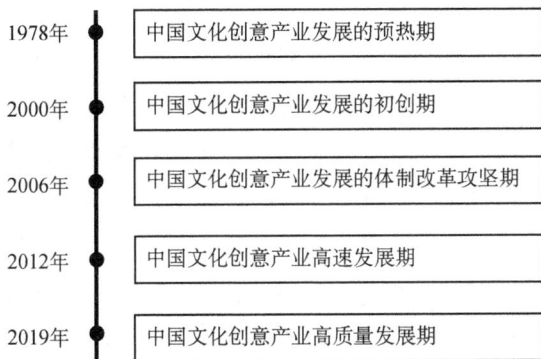

1978年	中国文化创意产业发展的预热期
2000年	中国文化创意产业发展的初创期
2006年	中国文化创意产业发展的体制改革攻坚期
2012年	中国文化创意产业高速发展期
2019年	中国文化创意产业高质量发展期

图8.6　文化创意产业发展历程

在文化创意产业预热期，中国各界针对文化可不可以产业化、文化能不够产业化、文化与经济的关系、文化是否构成生产力等问题进行了热烈讨论，逐步形成了发展文化创意产业的共识；在文化创意产业初创期，电影、出版等领域开始走向市场化的探索，一大批文化类产业开始涌现；在文化创意产业体制改革攻坚期，中国基本完成一批国有经营性文化单位的体制改革，政企、政事分开和管办分离逐步推进[②]。

党的十八大以来，中国文化创意产业进入高速发展期，由创意产业跨越到创意经济，打破原有的格局限制，调整经济结构，提升产业形态，呈现出许多

---

① 于磊. 我国文化创意产业的创新与发展. 商业文化，2020，（25）：66-67.
② 我国文化产业发展的历程与趋势. http://www.cinic.org.cn/hy/wh/456420.html[2022-03-22].

新特征。一方面是科技在文化发展中发挥着越来越重要的作用，文化将与数字技术高度融合，数字技术创新促使文化生产要素不断实现优化组合，使文化产业的发展空间越来越广阔。另一方面是文化创意企业快速发展，形成了以民营企业、混合所有制企业为主体的企业群，使文化产业成为中国经济发展的重要增长点，有效提高了文化产业质量，形成了一条利用移动互联网实现跨越式发展的有效途径。

2018年上半年，中国文化创意及相关产业发展势头良好。中国特色社会主义已进入新时期，这意味着文化创意产业的发展模式将从粗放式向高质量、高层次、精细化转变。

二、蓬勃发展的文化创意产业

文化创意产业因其附加值高、发展可持续等特点，已成为各国经济增长的新动力，是经济转型过程中的重要产物，引领全球未来经济发展，因此发展文化创意产业已成为当今世界众多国家的战略选择。游戏、广告、设计等新兴业态，正成为中国文化贸易的新亮点，同时传统文化产业中的图书出版、电影电视、文艺演出也通过数字化、网络化、移动化实现产业的升级换代。2017年文化及相关产业增加值为34 722亿元，占GDP比重4.2%，继续向国民经济支柱性产业迈进，文化产业总体融资规模不断扩大，如图8.7所示。

近年来，中国文化创意产业在国家政策和地方政府的鼓励支持下，进入快速发展的新时期。文化创意产业园作为重要载体，在此过程中也得到了快速发展。2017年发布的《文化部"十三五"时期文化产业发展规划》指出，到2020年，文化产业整体实力和竞争力明显增强，培育形成一批新的增长点、增长极和增长带，全面提升文化产业发展的质量和效益，文化产业成为国民经济支柱性产业。

从空间分布来看，中国文化创意产业园区有明显的空间集聚特征。中国东部地区已形成包括长三角文化创意产业区、环渤海文化创意产业区、珠三角文化创意产业区在内的三大文化创意产业集群，如表8.2所示。随着中国文化创意产业的不断发展，文化创意产业园区从东部沿海地区向中西部地区蔓延，并逐渐延伸形成以昆明、丽江和三亚为代表的滇海文化创意产业区，以重庆、成都、西安为代表的川陕文化创意产业区，以武汉、长沙为代表的中部文化创意产业区。各地文化创意产业园区根据自身的区域优势，推动了中西部经济的发展。

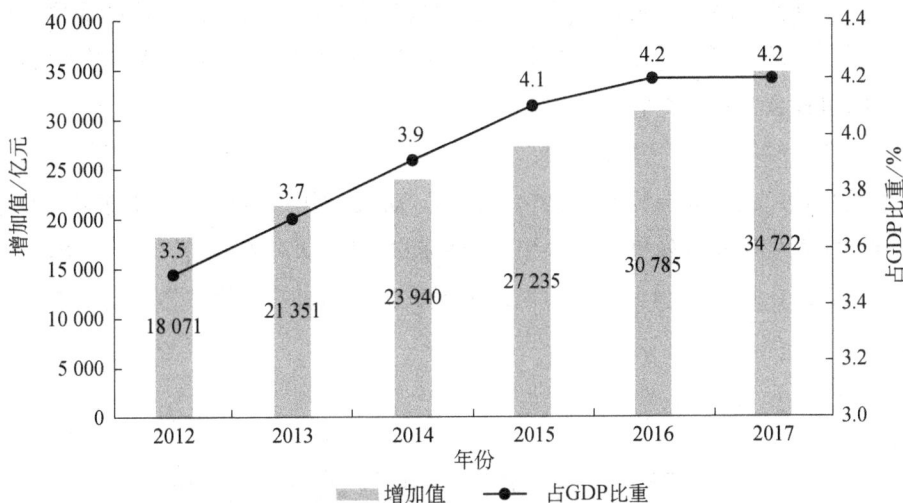

图8.7 2012～2017年中国文化产业增加值及其占GDP比重

资料来源：根据国家统计局网站（www.stats.gov.cn）、艾媒咨询（https://www.iimedia.cn/）发布数据整理得出

表8.2 2019年中国重点文化创意产业集聚区分布

文化创意产业区	核心地区	集聚特征
长三角文化创意产业区	上海	旧厂房结合其区域特点进行重新规划与改造，升级具有特色的文化创意产业集聚区
环渤海文化创意产业区	北京、天津、大连等	北京的文化创意产业以文艺演出、广播影视、文艺动漫、时装设计等为主
珠三角文化创意产业区	广州、深圳等	深圳在近几年大力发展平面设计、动漫、传媒、文化旅游等文化创意产业

当然，任何一个行业和产业谋取未来更大的发展都需要有新的思路和观念。文化创意产业作为一个具备广阔发展前景、深厚潜力的产业，应从以下几方面着手。首先，坚持"创新为首，创意为先"。文化创意产业是依靠创新和创意生存与发展的，创新可以带来新的产品、新的思路和观念，突破传统模式成为文化创意产业的鲜明特点，因此需要将创新思维融入文化创意产业，优化产业。其次，注重人才的吸引和集聚。文化创意的诞生实质是人创新思维的一种体现，是人的创造思维开发和产业发展相结合的产物，文化创意产业应注重

人才在其中发挥的作用，因此文化创意产业发展必须考虑如何吸引人才、留住人才并充分发挥人才的聪明才智，为其搭建适宜的成长和发展环境，形成人才虹吸效应，实现产业良性发展。最后，获得政府扶持和社会支持。文化创意产业是一个朝阳产业，政府的扶持不应仅仅停留在资金支持、办事便利等简单层面，还应深入到更深层次，如创造良好环境、吸引更多资本介入和人才加入等，吸引社会公众参与和支持。

在知识经济时代，文化创意产业方兴未艾，依托原有的文化要素，其覆盖面也越来越广泛，充分挖掘了文化的价值，促使中国的深厚文化底蕴在新形势下进行大力度转化与发展，释放出其对内的凝聚力和对外的吸引力，让国人更具文化自信，这将有利于进一步挖掘中国城市、农村的文化潜力，助推中国区域协调发展。

第四节　文化自信助推区域协调发展

文化如春雨，润物细无声。习近平总书记在党的十九大报告中指出，文化是一个国家、一个民族的灵魂；文化兴国运兴，文化强民族强；没有高度的文化自信，没有文化的繁荣兴盛，就没有中华民族伟大复兴。作为一个文明古国，中国拥有 5000 年悠久灿烂的历史，应坚定文化自信，将千锤百炼的智慧用在当下，从而为中国经济发展带来全新活力。文化自信的内涵见专栏 8.2。

专栏 8.2　文化自信

文化是凝结在物质之中又游离于物质之外的，能够被传承的国家或民族的历史、地理、风土人情、传统习俗、生活方式、文化艺术、行为规范、思维方式、价值观念等。文化不仅是一种凝聚力，也是一种竞争力与影响力，文化代表着一定时期一个国家和民族的文明程度与发展水平，是综合国力的重要组成部分；而自信则是人们在适应社会生活过程中的一种自然心境，属于心理学范畴。文化自信可释义为人们源于历史、着眼未来对国家、民族及政党在思想信念和价值选择方面的文化认同，是推动新时代社会主义事业健康蓬勃发展的指路明灯。

从国家和民族发展的角度而言，文化软实力主要表现为一种精神上的向心力，有利于国家凝聚力的形成和民族性格的养成，有助于促进国家统一、民族团结和国民精神上的自信。文化自信是一个国家、民族和政党对自身文化价值的肯定，对自身文化生命力的坚定信念。对个人而言，文化自信是一种价值期待，一方面体现为对自身文化的渊源、未来发展前景及其作用、地位等有清醒认识，了解自身独特魅力，并主动承担起文化发展的历史责任；另一方面体现为在与外界文化联系和比较中，能够持开放、兼容并蓄的态度。总之，文化自信是一种文化自觉的意识，文化自尊的态度，文化自强的精神，文化自新的努力。

资料来源：刘林涛. 文化自信的概念、本质特征及其当代价值. 思想教育研究，2016，（4）：21-24；陆丽琼. 文化自信的内涵和表现. 商业文化，2021，（27）：15-17；赵长亮，包伟，齐乐，等. 文化自信的理论内涵、实质特征与实践途径. 吉林省教育学院学报，2021，37（8）：168-172.

当然，在文化自信为经济发展注入新活力的同时，不同地区还要综合考虑当地文化特点，来推动经济文化建设。例如，中国的城市文化和农村文化具有明显区别，有针对性地挖掘其特色文化的价值已经成为当今社会文化产业的发展趋势，城市更加注重建设文化产业园区来助推城市更新，农村努力发展农村特色旅游以推动新农村建设，这样才能城乡共同进步、协调发展。

一、文化自信助推城市更新

随着城市的不断发展，如何提升城市竞争力已成为焦点。文化自信对提升城市竞争力有着显著的作用。文化对城市发展的助推作用是丰厚的文化底蕴与坚定的文化自信的结合。而城市更新是对城市中已经不适应现代化城市生活的地区进行必要的、有计划的改造运用，主要分为建筑物等的改造以及文化环境、生态环境、休息环境等的改造与延续。城市更新不仅是城市物质环境的改善，更是区域特色的保护与创造。

文化自信与城市更新之间是相辅相成的，文化自信在城市产业结构、城市就业、城市形象、城市治理制度等方面形成发展圈，城市更新发展水平在创意氛围、媒体平台、制造业基础及人力资本存量等方面形成约束圈，相互之间形成一个动态整体系统。其中，文化自信对城市更新的推动主要体现在文化自信传承能够延续城市文脉，这是一个城市的灵魂。同时，城市中的历史文化遗产是知识经济发展的重要组成部分。文化自信传承有利于历史建筑的保护以及城市文脉的传承。文化产业附加值高，属于高端服务业，有利于优化第三产业本身结构，促进城市产业升级，提高竞争力。文化自信有利于重塑城市景观特色，创立城市品牌，为城市景观增添新的内涵，展现特色。

城市功能置换与产业定位有着紧密的关联性，根据产业定位大致可以分为文化艺术区、特色时尚商业区、历史文化旅游区等不同功能区。文化自身的组织多样性，使其对应的功能也会呈现多元化。杭州运河天地文化创意园属于文化艺术区的一种，前身为杭州城北轻纺、化工、重机等近现代工业及仓储集中区，其以工业遗产保护与利用为特色，以创意产业为龙头，适当错位发展，培育文化艺术、设计服务等产业，带动运河沿岸商业、旅游、餐饮、娱乐等相关行业的联动发展。上海新天地便属于特色时尚商业区，前身是上海石库门居住区，更新时通过引入商业性文化获得了良好的经济效益，被打造成一个国际化娱乐中心，集餐饮、购物、休闲、文化于一体。类似的还有北京的南锣鼓巷，其将老北京的胡同文化、鱼骨式街巷、四合院等传统民居文化及其他非物质遗产与创意产业融合，将民居改造成商铺、酒吧、餐饮、旅社等经营场所，现已发展成为北京特色文化旅游街区。

文化自信是城市发展的根本动力所在，文化策略已成为城市发展的关键策略选择。以文化为引领动力的城市更新，要客观分析不同地区、不同城市的社会、政治、经济、文化和生态特点，并结合城市历史对城市文化资源及其价值进行再认识和界定。文化建设在城市更新中是一个系统工程，涉及静态文化和动态文化、物质文化和非物质文化、文化空间和新型城市文化生活等多方面内容和调适关系。因此，在城市更新过程中，要处理好城市形态功能需求与文化顶层设计、城市公共文化设施与社区文化空间等之间的关系，针对不同类型、不同层级的城市，自足城市文化资源，协调城市更新中的多元力量，尊重城市发展规律，营造城市更新中的文化自组织系统①。

二、文化自信助推新农村建设

在中国广大农村，散布着众多的地上地下文化遗产，初步形成了文化特色产业，并在经济发展中表现出附加值高、创新性强的优势。优化改进农业产业结构、延伸农业产业链，有助于农业经济发展，加快新型城镇化建设速度，改变传统业态，催生新兴绿色产业。同时，农村特色文化的发展不仅能促进经济发展，更是一种精神主导力量，主张依靠科技文化，防止污染、改善生态环境，依靠特色文化，发展循环经济，倡导文明、健康、环保的生产生活方式，助推新农村建设。

中国农村特色文化有很多成功的范例。例如，浙江的横店，原本是一个位于浙江中部的小山村，一跃成为享誉世界的"东方好莱坞"。横店通过培育影视文化产业，利用传统农村资源向文化经济结构转变，推动了当地农村社会的全面、协调、可持续发展。又如，云南箐口哈尼族村寨坐落半山腰，拥有数千年传统文化和绚丽美景，当民族传统与现代经济相碰，取得了不俗的成绩。再如，深圳大芬村这个曾经贫穷落后的小村庄依靠油画为主的艺术生产，走上了一条独特的农村文化发展道路，成为享誉海外的"中国油画第一村"。

在当前乡村振兴的大背景下，选择高质量的发展路径，通过农村特色文化创造经济价值无疑是最佳的选择。充分挖掘农村文化资源，巧妙利用农村自然资源，调动一切可以利用的力量来进行特色农村小镇建设，不仅有利于保留农村的历史文化遗产和保护农村自然生态环境，还能提高农民收入，促进农村地区就业，进而实现乡村振兴战略目标。同时，在乡村振兴战略背景下，大量的高素质人才将会被吸引到农村，农村用人环境将得到改善，特色农村建设获得优质人才；更多城市人口也会到农村旅游，激发新型农村的市场需求。

总的来说，保护好、传承好、利用好中国宝贵的历史文化遗产，在促进全球互动交流的基础上，树立起文化自信，使之成为中国精神、中华文化的独特符号。与此同时，城乡各地区也应挖掘其中蕴含的经济价值，统筹推进区域协调发展。

---

① 李炎，王佳. 城市更新与文化策略调适. 深圳大学学报（人文社会科学版），2017，34（6）：54-59.

加快制造业转型升级，从微笑曲线的底部向两端爬升，在全球产业价值链中占据更重要的位置，是中国经济转向高质量发展的关键。在这个过程中，文化等"软"的因素起着独特的作用。从微观层面看，中国有世界影响力的品牌并不多。提升品牌价值不仅要过硬的技术和质量支撑，文化创意的运用也至关重要，尤其是在服饰、家居等中高端消费品领域。打好文化牌，中国的经济故事才能更精彩。

"李宁"是用中国文化元素走向全球市场的先行者，取得了意料之外的积极反响。中国的新时代青年爱上了传统文化，树立了文化自信，使得越来越多的"国潮"品牌借机崛起。虽然它们真正成长为一流品牌尚需时间，也一定会是大浪淘沙的过程，但这已经是一个令人鼓舞的开端。商业上的成功会激励更多企业从悠久的历史文化中汲取营养，推动中国文化"走出去"——这是一个双向赋能的过程。

从文化古国、文化大国到文化强国，中国的文化事业和文化产业正在进入发展的快车道，而通过文化与其他产业的融合发展，将加速推动中国制造、中国建造转向中国创造、中国创意——让"国潮"来得更猛烈一些！

第九章

"一带一路"走出去

　　面对全球新冠疫情挑战，传音秉承开放的思维，积极求变，高效执行，突破传统线下发布模式，转战线上。通过线上发布的创造性尝试，传音旗下手机品牌为用户带来了不一样的"新闻"和观看体验，不仅开创了新兴市场行业先河，更收到了市场的热烈反馈。传音旗下手机品牌 TECNO 全球首场线上发布会亮相巴基斯坦并取得巨大成功，收视率在当地同时段所有频道中排名第一，传音及 TECNO 相关话题登上巴基斯坦 Twitter 实时热搜榜第三名。在非洲，TECNO 与尼日利亚王牌电视台 Channels Television 合作，成功打造非洲首场智能手机线上发布会，同时开放线上预订，传音此次线上发布会成为非洲手机行业的一大突破。发布会当日线上观看量及收视率不断飙升，全网观看人数达255万人次，其中电视渠道播放收视率为日常的 1.5 倍。TECNO 更是取得谷歌趋势指数 100 分的成绩，稳居全行业第一。

第一节　传　　音

一、深耕非洲，确立领先地位

1. 扎根蓝海

深圳传音控股股份有限公司（简称传音）创始人竺兆江1996年进入宁波波导股份有限公司（简称波导），从销售传呼机的小业务员做起，2003年前后成为波导销售公司的常务副总经理，并主动提出开拓国际业务。2013年，竺兆江离开波导，成立了传音。成立之初，整整两年时间，传音都在夹缝中求生存，一边维持基本运营，一边不断思考未来出路。实力薄弱的传音，技术、资金、人才什么都没有，拼出一条新路的唯一途径就是找一个大厂不愿意涉足的市场[①]。

在对海外市场进行了深入考察之后，竺兆江圈定了非洲，一片有着最大可能性的大陆，避免了与国内市场诸多大企业的同质化竞争。非洲是仅次于中国、印度的全球人口第三市场，人口数达到10亿级。对于大厂来说，非洲经济过于落后，利润率太低，市场需求的产品技术也远远落后于平均水平，再加上外汇风险、政治局势等问题，当时非洲手机市场只有三星、诺基亚等少数品牌，竞争压力相对小很多。利用地域差和时间差，传音手机开始领跑。2007年，传音旗下的TECNO和itel试水非洲。2008年7月，传音手机正式进军非洲，开启了"非洲之王"的征程[①]。经过多年的发展，传音已成为全球新兴市场手机行业的中坚力量，被誉为"中国手机海外市场隐形冠军""非洲手机之王"。图9.1为2016~2018年非洲市场主要手机品牌的竞争情况。

2. 极致营销

传音能够在非洲取得如此成就，很大程度来自它强大的营销能力。传音在非洲实行的是全域化营销，就是广告铺天盖地、全方位渗透、全渠道推广、大面积影响。在基础设施、互联网不发达的非洲，这种传统的营销策略效果显

---

① 徐姝静. 传音非洲发迹之谜. 创新世界周刊, 2019, （8）: 72-75.

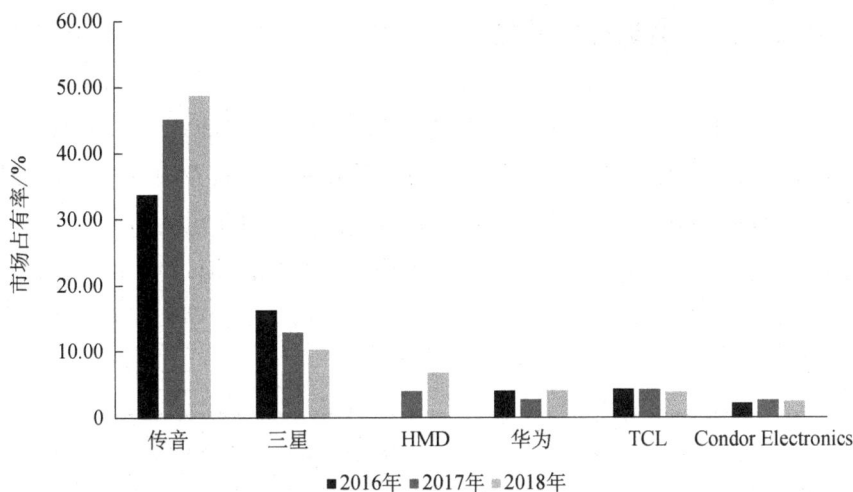

图9.1 2016~2018年非洲市场主要手机品牌的竞争情况

著。为了让传音手机品牌能够快速进入消费者的视野，融入当地人的生活，传音早期应用的是轰炸式广告策略，从线上电视广告到线下广告，传音"洗脑式"广告出现在了城市与乡村大大小小的电线杆、公告栏上，有时甚至直接用油漆涂墙[①]。竺兆江将"农村包围城市"的战略应用到了非洲市场上，运用到了自己的企业战略中。传音手机最早做非洲市场，就是从农村市场做起，把渠道渗透到了非洲大大小小的村落，当全面覆盖农村后，才开始进军城市。

传音的手机产品主要分为功能机和智能机两类，有 TECNO、itel、Infinix 三大品牌，立足于不同的品牌定位。其中，TECNO 品牌是公司旗下的中高端品牌，定位于新兴市场正在兴起的中产阶级消费群体，产品类型涵盖智能机和功能机；itel 品牌是公司旗下的大众品牌，定位于新兴市场的广大基层消费者和价值导向型用户，产品类型涵盖入门级智能机和功能机；Infinix 品牌致力于成为新兴市场年轻人喜爱的时尚科技品牌，产品类型为智能机。除手机产品，传音还销售数码配件、家用电器等电子硬件产品，并建立了非洲最大的用户售后服务网络。随着非洲移动互联网的跨越式发展，传音逐步打造了丰富且符合本地文化的移动互联网产品和服务品牌，形成了手机终端、电器数码和用户流入口相结合的多品牌矩阵发展态势。

---

① 张会琴，杨美荣，于凯地. 名不见经传的国产手机品牌传音如何称霸非洲. 江苏商论，2019，(4)：15-17.

二、本土创新，高筑竞争壁垒

传音从企业创立之初就确立了"聚焦非洲"的发展战略，以手机业务开启非洲市场。在"全球化视野、本地化执行"的精神下，传音通过不断地倾听、挖掘非洲市场的真正需求，为非洲用户"量身定制"以手机为核心的智能终端产品和移动互联网服务，用诚心和品质赢得本地消费者的认可，除了产品上的本土化，传音的本土化内涵还在不断深入，越来越注重管理和人才的本土化，如图9.2所示。

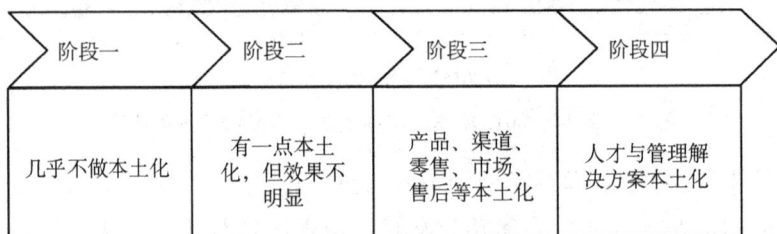

阶段一	阶段二	阶段三	阶段四
几乎不做本土化	有一点本土化，但效果不明显	产品、渠道、零售、市场、售后等本土化	人才与管理解决方案本土化

图9.2　传音本土化策略的演变

传音手机刚进入非洲时，非洲市场只有单卡手机。因为非洲通信运营商众多，跨网通信的资费高昂，当地人一般都拥有多张电话卡。但因为消费能力有限，当地很多人只能负担一部手机，只能在同一部手机上需要用哪个通信商的网络时就换上对应的电话卡。传音看准双卡双待手机在非洲市场上的空白，推出了T780手机，这是非洲第一款双卡双待手机。双卡双待手机的大获成功让传音更加重视用户的需求，推出各种迎合非洲消费者的手机功能。例如，针对非洲地区经常断电的情况，传音推出了长达一个月超长续航电池的手机，深受非洲消费者的喜爱；根据非洲人能歌善舞的特点，传音在一些产品上提供了大音量的扬声器，还打造了拥有全球最大的在线非洲音乐曲库的音乐播放平台Boomplay；在非洲，晚上很多地方没有灯，手电筒的作用就显得很重要，传音为此专门在手机上附加功能强大的手电筒功能；非洲气候干燥，很多地方灰尘很大，传音推出了防灰尘的显示屏；传音手机还支持阿姆哈拉语、豪萨语和斯瓦希里语等多种非洲本地化语言，进一步优化了用户体验。传音通过对消费者需求的不断深挖，产品不断完善，并结合适应当地环境的渠道、零售、售后等，形成了强大的差异化竞争力，造就了它在非洲的成功。

传音要从一家中国公司蜕变为国际公司，不仅应在产品和服务上做出改变，还在于公司土壤中能否内生出大批优秀的本地管理层，给予当地青年雇员一个不逊于中国青年雇员的职业发展期望，克服诸如语言、制度及文化上的困难，彻底实现本地化。面对在技术专利方面绝对领先的苹果、三星、华为等巨头，传音开始转移战场，借助十几年的非洲管理经验与现有人才梯队，以及尚未结束的战略窗口期带来的时间资源，着力建立起一套本地化管理解决方案，培养大量本地优质管理层并输出经世致用的"中非企业文化"，在当地开拓诸如咨询、平台、物流、金融等新领域，实现从中国传统制造企业向新角色的转型。

三、开拓动能，布局移动互联

近年来，非洲移动网络基础设施条件得到快速改善，智能手机快速普及，非洲移动互联网用户数量正实现跨越式增长。如今，从移动支付到即时通信，从音乐流媒体到短视频社交，从在线游戏到线上阅读，非洲正掀起移动互联网发展热潮。随着非洲移动互联网的跨越式发展，传音清楚地认识到，非洲人民对体验良好、符合本地文化的移动互联网产品和服务的需求日益增加，移动互联产业在这一新兴市场拥有巨大的发展空间。传音从多年前便开始构思与布局移动互联业务，并迈出了"发展移动互联业务，打造非洲移动互联新经济"的战略步伐。传音在非洲拥有巨量的智能手机入口资源，移动互联业务也成为传音新的业绩增长点。表9.1介绍了传音的明星应用。

表 9.1　传音的明星应用

应用	功能	成绩
Boomplay	音乐流媒体服务平台	2017年11月在南非获得由 Apps Africa 颁发的"年度非洲最佳应用"大奖；截至2019年2月，Boomplay 已经拥有超过4300万激活用户，曲库规模达500万，是目前非洲最大的音乐流媒体平台
Vskit	短视频平台	截至2018年末，Vskit 的用户规模已突破1000万；在尼日利亚、肯尼亚、加纳的 Google Play 娱乐应用下载排行榜上，Vskit 长期位居榜首
Palmstore	应用商店	拥有5000万用户规模，在非洲的市场份额仅次于 Google Play
Scooper	信息聚合	2019年注册激活用户已经达到千万量级；在尼日利亚、埃及、肯尼亚的 Google Play 资讯类应用榜单中排名第二

四、合作共赢，共建"一带一路"

西汉时期，我们的先辈筚路蓝缕，穿越草原沙漠，开辟出连通亚欧非的陆上丝绸之路。古丝绸之路打开了各国友好交往的新窗口，书写了人类发展进步的新篇章。古丝绸之路绵亘万里，延续千年，积淀了以和平合作、开放包容、互学互鉴、互利共赢为核心的"丝路精神"。非洲是建设"一带一路"的重要方向和落脚点，并将成为"一带一路"建设的样板区域。2018年9月，中国与非洲53个国家的元首联合发布《关于构建更加紧密的中非命运共同体的北京宣言》，表示非洲是"一带一路"历史和自然延伸，是重要参与方。通过"一带一路"工作的层层推进，中国既有效推动了各国贸易的出口，也推动了广泛的国际合作，在政策、基础设施、贸易、资金、民心上都致力于更顺畅的多方对接，实现合作共赢。

作为一家中国企业，传音在创立之初就已将市场定位在新兴国家，并且十年如一日坚持在产品和服务上致力于满足当地消费者的需求，同时在促进当地经济与社会发展上也积极发展公益项目，推动投资建厂，以实际行动支持"一带一路"倡议，为中非实体经济合作发展发挥自身影响力。传音定位于科技品牌出海，积极承担向海外传播中国企业影响力的社会责任，围绕共建"一带一路""共筑中非命运共同体"，致力于向海外新兴市场用户，特别是共建"一带一路"合作国家用户提供优质的移动通信终端设备，并基于自主研发的智能终端操作系统和流量入口，为用户提供互联网服务。近年来，国家不断引导、推动"一带一路"建设，旨在与共建"一带一路"合作国家建立起政治互信、经济融合、文化包容的命运共同体，给立足于新兴市场国家的传音带来了巨大发展机遇。

传音将始终坚持深耕非洲市场的战略，并以非洲市场为基础，向全球新兴市场拓展。非洲以外，中东、南亚（尤其是印度）、东南亚和南美等全球主要新兴市场人口基数超过30亿，市场拓展的空间和潜力依然巨大。传音将在非洲以外拓展多个战略新兴市场，建立起由非洲、印度以及多个人口规模较大的国家及地区共同支撑的市场格局。在"一带一路"倡议的指引下，随着中国与非洲、印度在信息通信等领域基础设施建设方面合作的推进，以传音为代表的扎根于当地的移动通信终端设备品牌商,将借助我国为共建"一带一路"合作国家提供的政策和资金配套支持,进入新的发展阶段。

> **思考题**
>
> 1. 传音为什么选择立足非洲等新兴市场?它是如何取得成功的?
> 2. 传音在海外的成功,有哪些经验值得中国企业开拓海外市场时借鉴?
> 3. 传音等中国企业如何利用并配合"一带一路"倡议,以获得更大的发展?

第二节 对外开放的初级阶段

"引进来"和"走出去"是中国改革开放以来经济增长、融入国际分工体系的重要方面,是中国对外开放的主要内容。也可以说,中国改革开放以来最成功的经验就是完成了国际企业走进来、中国企业走出去。"引进来"和"走出去"作为对外开放的两个"轮子",存在先后发展的顺序规律。改革开放初期,中国缺乏资金、技术、管理经验等,而欧洲、美国、日本等发达国家或地区在这些方面具有显著优势,中国企业不具备参与国际竞争的实力,所以"引进来"成为当时对外开放的主要内容。

1. 坚定不移"引进来"

改革开放以来,国际社会风起云涌,中国改革开放的基本国策也随着时代变化向前推进,中国一系列政策为外资落地提供了充分的信心和保障,如图9.3所示。

我国的外资企业伴随着我国的改革和对外开放政策在不断发展,至今已形成较为庞大的外资企业规模。在中国经济飞速增长的状态下,外资企业对中国经济增长做出重大贡献,同时对中国企业也有非同寻常的意义,在促进中国企业技术飞速发展的同时,产生的经济效益在国内也占有很大的比例[①]。联合国

[①] 陈余富. 浅析外资企业对中国经济的影响. 时代金融,2017,(3):279.

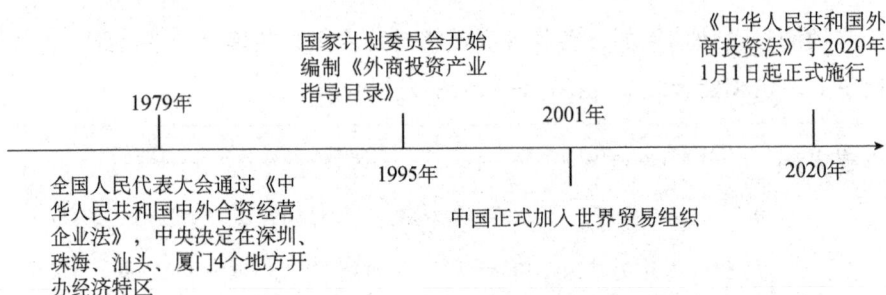

图9.3 中国引进外资的重要政策节点

贸易和发展会议发布的《世界投资报告2019》（中文版）显示，2018年全球对外直接投资同比下降13%，降至1.3万亿美元，国际投资增长乏力。然而，中国吸引外资依然保持平稳增长。2018年中国吸引外资达1390亿美元，占全球吸收外资总量的10%以上，成为全球第二大外资流入国，如图9.4所示。世界银行发布的《2019年全球营商环境报告》显示，中国营商环境较2018年大幅提升32位，在190个经济体中名列第46位。改革开放以来，中国在引进外资上取得了较大的成绩，这些成绩不仅体现在投资金额的不断突破，更体现在营商环境的持续优化，而外资的进入也促进了中国经济的提升和崛起，成为中国经济发展的重要力量。

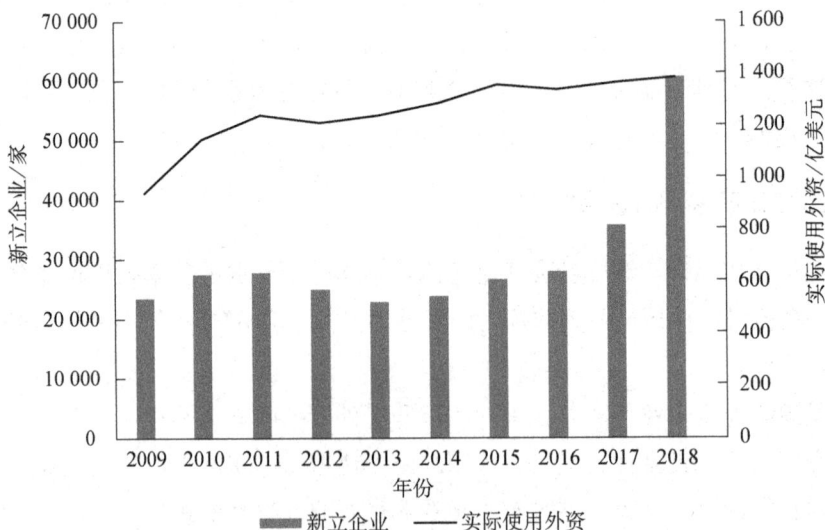

图9.4 2009～2018年外商直接投资情况

资料来源：中国外资统计公报2019. http://images.mofcom.gov.cn/wzs/201912/20191226103003602.pdf [2021-09-20]

2. "引进来"是"走出去"的基础

由外商投资形成的外资经济在中国市场经济中占据了重要地位,在税收、就业、技术进步、管理学习、结构升级、市场拓展、对外贸易等方面做出了重要贡献,一定程度上帮助国家解决了民众的就业问题,对中国经济增长发挥了重要的推动作用,更重要的是促进了中国经济社会发展和转型升级。外资带来的资金、技术、管理理念也引领中国企业不断成长,带领中国企业与国际接轨,为中国企业"走出去"打好了基础。

改革开放以来,庞大的中国国内市场更有利于企业通过规模经济和范围经济来降低经营成本,因此大量外资带着先进的技术和管理办法涌入国内相关产业,对中国创新能力的提升起到了一定的促进作用。一方面,跨国公司对中国技术创新产生正向溢出效应,并在市场中引入竞争关系,迫使中国国内的企业选择将国外先进的生产技术和管理模式本土化,提升企业自身的市场竞争力①。国家统计局数据显示,2005~2016年,中国产品质量优等品率由39%提高至64.8%,高技术产业出口交货值增长了197.37%,表明中国工业制成品的出口竞争力不断提升。另一方面,中国企业作为外资企业产业链的上游或中间产品供应商,为满足外资企业对投入产品的质量标准要求,就需要不断学习,进行模仿创新以提升自身生产效率;而国内的下游企业在使用外资企业供应的高质量中间品时,就需要对其进行本土化改造,以适应中国企业的应用场景,从而获得生产效率的进一步提高②。例如,中国利亚德集团在收购美国 Natural Point 公司动作捕捉系统的核心技术后,对其进行了技术本土化改造,有效降低了其在医疗、影视、房地产等领域的使用成本。

外资企业不仅帮助中国企业提升技术和经营理念,而且在中国的产业结构升级中起到了重要的促进作用。农业到工业制造是产业升级,工业制造到高新产业和服务业是产业升级,外资进入中国之后,推动了我国高新产业的发展,促进我国产业结构从工业制造型的单一结构转向融合高新产业和服务业的多元产业结构③。在外资加速我国产业结构升级过程中,势必会产生一些较成熟的

---

① 神玉飞. 外资流入对我国制造业出口竞争力的影响. 国际贸易问题, 2004, (6): 70-72, 76.

② 田宇, 许诗源. 外资进入、技术进步与经济高质量发展——基于索洛余额法与 VAR 模型实证分析. 技术经济与管理研究, 2021, (6): 8-13.

③ 杨军, 宁晓刚, 张波. 外商直接投资对我国产业结构升级影响的总体效应分析. 商业时代, 2015, (1): 116-118.

和即将失去比较优势的行业。市场寻求型企业不但通过"走出去"提高市场准入，规避贸易壁垒，而且可以根据当地的需求特点改进产品的生产和营销，将企业优势扩大到海外市场。效率寻求型企业通过"走出去"延长该行业产品的生命周期，将这些行业的现有优势与东道国的资源和劳动力优势相结合，维持较低的成本，创造出新的比较优势。产业结构中的低端产业逐渐得以转移，我国就可以集中有限的资源加快产业结构向高知识、高资本和高技术的行业倾斜。由此可见，"引进来"有助于提升产业结构，"走出去"有助于优势产业的扩张和落后产业的转移①。通过市场化的内在机制，"引进来"在很大程度上推动了中国经济、产业、企业"走出去"的进程。

第三节　对外开放的更高阶段

发展中国家先要通过对外开放和吸引外资，使国内市场与国际市场逐渐接轨。随着外资从中、低知识密集型产业和以资源为基础的部门转向更高技术密集的部门，东道国的投资发展路径逐步升级。一些有效率的国内企业通过对技术和经营管理知识的学习和积累，开始形成一定的比较或竞争优势，发展中国家才有能力步入"走出去"阶段。

1. 一步一步"走出去"

改革开放以来，中国对外投资不断发展，经历了从无到有、从少变多、从弱变强、从特定区域到全球范围的发展变化，取得了骄人的成就（图9.5）②。随着国家的积极引导和企业自身的利益驱动，中国对外投资规模不断扩大，根据《2017年度中国对外直接投资统计公报》，截至2017年末，中国对外直接投资存量18 090.4亿美元，较上年末的13 573.9亿美元上升了33.3%。2017年中国对外直接投资存量规模占全球比重达5.9%，较上年上升了0.7个百分点，比重再创历史新高，接近6%，排名从上年的全球第六位上升了四位，位列全球

---

① 朱华. 关于"引进来"与"走出去"相互关系的理论思考. 大连海事大学学报：社会科学版，2010，（1）：5-7.

② 郭凌威，卢进勇，郭思文. 改革开放四十年中国对外直接投资回顾与展望. 亚太经济，2018，（4）：111-121.

第二。中国对外投资蓬勃发展,对深化国际经贸关系、扩大进出口、培育企业竞争优势、促进产业转型升级、提升对外开放水平发挥了积极作用。

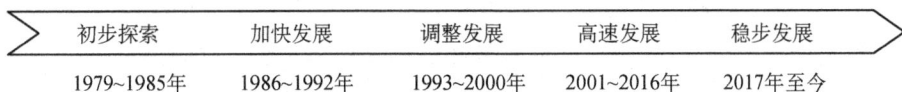

初步探索	加快发展	调整发展	高速发展	稳步发展
1979~1985年	1986~1992年	1993~2000年	2001~2016年	2017年至今

图9.5 中国对外投资的发展历程

由图9.5可知,1979～1985年是中国对外投资的初步探索阶段,并逐渐摸索建立了对外投资审批制度的雏形。1979年,国务院颁布15项改革措施允许出国办企业,但这一阶段中国对外直接投资的特点是规模小、投资领域相对狭窄,仅有部分与贸易相关的企业得到进行对外直接投资的批准。1984年对外经济贸易部出台了《关于在境外开办非贸易性合资经营企业的审批程序权限和原则的通知》,对外投资与贸易的发展速度得到提升,进出口贸易大幅度增长,国际经济技术交流进一步扩大。1984年全国进出口总额为1201.2亿元,比1983年增长 39.7%[①]。对外投资从进出口贸易扩展到资源开发、咨询和服务业、加工生产、建筑工程等资源型和贸易型领域,还有一小部分投资发生在技术水平较高的领域。

1986～1992年,中国对外投资管理基本形成了从个案审批向规范性审批的转变,中小企业和乡镇、民营企业也开始参与对外投资,投资领域也逐渐延伸到制造加工、资源开发和交通运输等领域,对外投资发展速度加快。

在经历小高潮之后,中国对外投资出现明显下滑,从1993年开始进入梳理和调整阶段,并一直持续到2000年。究其原因是,1993年中国正在进行经济结构调整,财政政策相对紧缩,对外投资的总量也就相对减少。但这一调整为中国经济对外投资提供了新的思路,要将"走出去"和"引进来"有机结合,充分利用国内和国外两个市场,鼓励国内有比较优势的企业进行对外投资,开拓国际市场。例如,将在本书第十章出现的中国企业华为就是在这一阶段开始向海外市场进军。"农村包围城市"的战略造就了华为今天的全球布局,提升了中国企业的国际竞争力。此时,中国对外投资也逐渐上升至国家战略的高度。

2001年中国加入世界贸易组织,对外投资进入高速发展阶段,中国逐步扩

① 1984年国民经济和社会发展统计公报. http://www.stats.gov.cn/xxgk/sjfb/tjgb2020/201311/t20131107_1768634.html[2022-11-15].

大向国际市场开放的程度，中国对外投资规模也由此开始飞速扩张，对外投资的区域和产业分布越来越广泛，对外投资管理也在不断改革和优化。根据历年《中国对外直接投资统计公报》，中国对外直接投资流量从2001年的69亿美元增长至2016年的1961亿美元（非金融类1701.1亿美元），对外投资存量从2001年的272亿美元积累至2016年底的1.36万亿美元，"走出去"成为我国开放型经济发展的三大支柱之一。

当然，推进中国对外投资快速发展的同时也要注重高质量发展。在过去的一段时间内，中国对外投资集中度较高，不利于分散风险，产业结构也相对不理性，主要集中在房地产业和娱乐业。2016年底，国家采取了相关政策进行调整和指导，2017年房地产业、文化、体育和娱乐业没有对外投资新增项目，租赁和商务服务业、制造业、批发和零售业是三大主要投资流向行业，占同期总流量的65.8%，而对信息传输、软件和信息技术服务业的投资占比也达到8.6%，中国对外投资产业结构不断优化，逐渐转回理性发展的轨道，对外投资量质齐升①。

2. 中国企业"走出去"

企业"走出去"战略是党中央、国务院根据经济全球化新形势和国民经济发展的需要做出的重大决策，是发展开放型经济、全面提高对外开放水平的重大举措。改革开放以来，我国企业"走出去"的路径有五条，即劳务、产品、资本、技术和标准②。

我国企业"走出去"最早的形式是劳务输出。劳务输出开始后不久，我国企业也开启了产品走出去的历程。最初的产品主要集中在劳动密集型产品，重心逐步由劳动密集型向资本与技术密集型产品转变。

2008年国际金融危机爆发后，欧美等西方发达国家企业资金紧张，市场估值水平显著下降，接受并购和国际化的意愿明显增强，同时西方发达国家政府和监管当局对海外企业的并购行为和态度有所改善，中国对外直接投资尤其是海外并购迅速增长，资本"走出去"不断发展。通过向西方发达国家的投资和

---

① 郭凌威，卢进勇，郭思文. 改革开放四十年中国对外直接投资回顾与展望. 亚太经济，2018，（4）：111-121.
② 庞华林. 论中国企业"走出去"的五条基本路径. 辽宁经济，2019，（9）：18-20.

国际领先企业的投资，中国企业获得逆向技术溢出，吸收了先进的技术、管理经验、销售渠道和专业人才等重要知识资源，推动了中国产业的创新和升级发展。

在国际竞争中，输出标准、掌握标准话语权一直是国家和企业竞争力的最高体现。近年来，中国国际标准化工作取得了一系列突破性进展。中国相继成为国际标准化组织（International Organization for Standardization，ISO）和国际电工委员会（International Electrotechnical Commission，IEC）常任理事国以及国际电信联盟（International Telecommunications Union，ITU）理事国。中国专家担任国际三大标准化组织（ISO、IEC、ITU）的重要领导职务。由我国主导制定的国际标准数量逐年增加，从1999年的7项到跃升至2016年底的286项。中国从最初"引进国际标准、转化国际标准、采用国际标准"到现在"参与国际标准制定、主导国际标准制定、中国标准走出国门"，已经从国际标准化舞台的配角逐渐升至主要角色，尤其是在稀土、通信、高铁、特高压、电动汽车、船舶等领域实现了从跟随到引领的跨越[①]。

随着中国企业一步一步地"走出去"，中国经济的影响力不断扩张，中国的劳务、产品、资本、技术、标准更深入地参与到全球经济发展中，中国企业可以在全球经济治理和发展中更主动地争取利益[②]。

第四节 "一带一路"开创新格局

2013年9～10月，习近平主席在访问哈萨克斯坦和印度尼西亚时，分别提出了共同建设"丝绸之路经济带""21世纪海上丝绸之路"的倡议，得到了国际社会和相关国家的积极响应。"一带一路"倡议的提出，既为国内经济发展提供了新的动力，解决国内大部分行业出现的不同程度的产能过剩问题，又可以促进中国与周边国家之间的深层次交流与合作，推动人类命运共同体建设[③]。

---

① 庞华林. 论中国企业"走出去"的五条基本路径. 辽宁经济，2019，（9）：18-20.
② 郭凌威，卢进勇，郭思文. 改革开放四十年中国对外直接投资回顾与展望. 亚太经济，2018，（4）：111-121.
③ 曹迪. "一带一路"中的国际贸易新发展. 企业文明，2020，（4）：109-110.

1. 中国企业与"一带一路"

如今，在全球贸易和投资保护主义升温背景下，未来中国企业投资发达国家和地区将面临一定的挑战，会对中国的对外投资形成一定的阻碍，但中国正积极推动"一带一路"，为中国企业对外投资开辟了新天地，成为推动对外投资的一个重要因素。同时，中国企业还应紧紧抓住"一带一路"的重大机遇，在推动共建"一带一路"的过程中，实现对外投资的价值和社会效益的最大化。共建"一带一路"合作国家大多是发展中国家，正在工业化、城镇化的建设进程中，其在道路、交通、电力、能源等领域都为我国相关公司提供了巨大的市场空间。以中国铁建股份有限公司为代表的中国企业，在"一带一路"建设中打造了一大批"国家名片"。以亚吉铁路为例，该条铁路全部采用中国标准和中国装备，是"一带一路"倡议后建成通车的首条跨国电气化铁路。

从行业来看，建设早期，能源、材料和基建等企业参与"一带一路"的数量居多。从企业类型来看，国有企业是参与"一带一路"倡议初期的主力，随着"一带一路"倡议的深入推进，民营企业承建的项目逐渐增多。中央企业、国有企业是投资的主力军和领头羊，开拓国际市场、占领当地市场、提高全球市场份额、提升盈利能力等市场因素是企业参与"一带一路"建设投资的第一大动因，而拥有资金实力与资源的大型民营企业位居其次。中华全国工商业联合会发布的《2021中国民营企业500强发布报告》显示，191家500强企业参与了"一带一路"建设。

在"一带一路"建设的投资中，相比于中央企业、国有企业和民营企业巨头，中小企业单个走出去困难多、难度大，无论是实力、信誉还是规模都明显不足，让中小企业单独到海外去投资、建设、推出产品都很困难。为解决这些难题，一些中资公司在共建"一带一路"合作国家纷纷建立了产业园区、商贸物流园区，期望带动中小企业"雁形出海"，把它们集聚到产业园区。例如，中央企业招商局集团就在共建"一带一路"合作国家、重点地区布局经贸产业园区，解决中小微企业出不去的问题。经贸产业园区既是中国商品（如服装、鞋帽、五金）的加工展示中心，也是国际商品的中转中心。通过这种抱团出海的方式，一方面，民营企业可以与国有企业相互配合、取长补短。很多中央企业"走出去"的项目都是采取承包形式，其中设计、工程、售后服务等产业链上的项目，民营企业都可以参与其中，形成业务联系和产业分工；另一方面，民营企业也可以联合起来，避免恶性竞争，发挥规模效益。中小企业逐渐由"走得出去"到"走得进去"。

可见，"一带一路"倡议有助于更好地拓宽我国企业的国际市场，升级中国企业"走出去"的发展模式，为我国企业带来更多的发展机会。但由于共建"一带一路"合作国家数量众多，面对各个国家的经济、政治、文化存在差异的情况，我国企业在"走出去"的过程中要打破旧的经营理念，充分考虑其他国家的经济文化需求，积极履行自己的社会责任，重视对企业形象、产品品牌的建设工作。同时，在"走出去"的过程中，也要重视与其他国家居民和政府的沟通，尊重外国的文化、宗教、习俗、法律，注重知识产权的保护，为我国企业"走出去"创造一个良好的文化环境，有效增强其他国家政府对我国企业的认可[①]。

2. "一带一路"倡议推动构建人类命运共同体

随着共建"一带一路"朋友圈的不断扩大，各国之间的联系更加紧密，已经成为利益共同体、责任共同体，为构建人类命运共同体注入了强大动力，"一带一路"的新实践正推动着构建人类命运共同体进入新阶段。构建人类命运共同体就是要致力于实现共同发展和繁荣。"一带一路"通过落实共商共建共享的原则，践行多边主义，强调"大家的事大家商量着办"，不断创新推动构建人类命运共同体更加高质量发展的合作机制，使人类命运共同体的吸引力更大、向心力更强、影响力更广。"一带一路"的核心就是要联通世界各个市场。中国通过"一带一路"推动世界各国联通的速度和质量已远超最初的构想。"一带一路"不仅大力推动双边合作，而且将第三方市场合作视为构建人类命运共同体的重要合作机制。"一带一路"框架下的第三方市场合作旨在推动中国和各国企业优势互补，共同推动第三国产业发展、基础设施水平提升和民生改善。目前，中国已同日本、奥地利、瑞士、新加坡、联合国开发计划署等国家、国际组织签署了多份第三方市场合作文件。通过双边合作和第三方市场合作等富有活力和创造性的新机制，中国将与更多国家通过"一带一路"携手共进、共谋发展，着力化解全球风险挑战，推动构建人类命运共同体的高质

---

① 杨坤榜. "一带一路"对中国企业走出去的影响及对策研究. 纳税, 2019, (17)：233.

量发展①。

当今的世界，是一个开放的世界。中国的发展离不开世界，世界的进步也离不开中国。中国的发展和世界的发展是同频共振的。世界的和平、稳定与繁荣可以为中国的发展提供良好的环境，同时中国的发展也可以为世界创造更多的机遇。中国自身的历史已经证明，闭关锁国、封闭自守，只会脱离世界历史发展的潮流。中国要想发展，只能融入世界，坚持开放发展。在经济全球化日益增强的今天，开放发展俨然成为时代精神的要求。中国以"一带一路"倡议，促进国际合作，努力实现政策沟通、设施联通、贸易畅通、资金融通、民心相通，为促进世界不同国家、不同地区的共同发展，贡献中国智慧、中国方案、中国力量。对于世界而言，人类面临的不确定性因素日益增加，面对这样的新挑战，人类命运共同体理念对世界发展的意义重大。人类命运共同体理念有利于启发人们在面对全球共同问题时转变观念。人类命运共同体理念对全球治理提出了新的要求，即强调整体化治理思维，这一理念要求改变霸权主义式的全球治理结构，建立共商共建共享的新型全球治理结构。人类要最大限度地避免内部消耗，将尽可能多的资源用于促进人类社会的发展，最大限度地增进人类的福利。

"一带一路"实践更多从人类社会的整体性和统一性出发，通过发展共同利益，寻求发展利益的最大公约数和合作的最大契合点，促进共同繁荣，把实现"一带一路"与构建人类命运共同体的理念紧密联系在一起。"一带一路"实践成果越显著，通过"一带一路"实践引领世界超越发展水平不同、意识形态差异、社会制度对立的战略底气就越足，就越能夯实实现人类命运共同体这一远大目标的坚实基础①。

> 对外开放是中国的基本国策。通过吸引外资、发展外贸、开展国际经济技术合作，中国充分利用外部条件推动了经济增长。特别是加入世界贸易组织后，中国成为经济全球化的重要推动者，也是受益者。对外开放造就中国经济的传奇故事。

---

① "一带一路"推动构建人类命运共同体进入新阶段. http://www.xinhuanet.com/politics/2019-12/27/c_1125394557.htm[2021-09-20].

　　中国的手机市场曾经是外资品牌的天下，但激烈的竞争并没有使国产品牌消失，而是为国产手机提供了学习的机会，以及国际化的竞争环境。国产品牌不但在国内市场强势崛起，还诞生了像传音这样成功"走出去"的企业。这个过程生动体现了改革与开放的辩证关系——改革是开放的条件，开放是改革的外部推动力。

　　传音不是简单地输出中国产品，也不是照搬在中国市场的经验，而是依托全球的视野、中国的经验深耕非洲市场。传音的经验不但可以为中国企业"走出去"提供借鉴，事实上也可以对发达国家的企业有所启发。这充分说明，中国作为全球最大的发展中国家、过去几十年增长最快的经济体，能在"一带一路"倡议中发挥独特的作用。

　　随着国内外形势的变化，中国正在构建以国内大循环为主体、国内国际双循环相互促进的新发展格局。然而这绝不意味着封闭运行。相反，中国将实施更大范围、更宽领域、更深层次的对外开放，并依托超大规模市场优势，促进国际合作，推动共建"一带一路"，构建人类命运共同体。未来，将有更多的中国企业在世界舞台书写故事、传递佳音。

第十章

正在崛起的中国经济力量

华为技术有限公司（简称华为）"新一代刀片式基站解决方案研制与大规模应用"项目获得2018年度国家科学技术进步奖一等奖。该项目自主研发业界领先的基带、中频和处理器芯片技术，率先在基站芯片内支持可信计算、产业化新型氮化镓功放，独创分布式电源技术，实现了基站高效节能，实现了一系列重大技术突破，保障了我国在移动通信领域核心设备基站的竞争力持续领先，取得了巨大的社会和经济效益。

2013年，"宽带中国"上升为国家战略。无线基站是移动网络的核心资产，为提供良好的覆盖并支撑数十倍的容量增长，运营商需要建设大量的基站。如何快速建设基站并尽可能降低基站的部署和运维成本，是运营商面临的巨大挑战。

华为无线产品线为了满足以上需求，并保持基站核心竞争力全球第一的地位，于2009年立项开发新一代基站，历时4年，投入研发经费20亿元以上，在多个领域进行攻关。华为推出的新一代刀片式基站解决方案，在全球实现了大规模部署，并成为无线行业基站形态的事实标准[1]。

---

[1] 华为斩获国家科学技术进步奖一等奖. http://www.sznews.com/news/content/2019-01/08/content_2133 3904.htm[2021-09-20].

第一节　华　　为

华为成立于1987年，总部位于广东省深圳市，是全球领先的信息与通信技术（information and communication technology，ICT）基础设施和智能终端提供商。截至2021年华为有19.7万名员工，业务遍及170多个国家和地区，服务30多亿人口。华为依赖优质的产品、卓越的服务受到全世界客户的认可，营业收入规模和利润也在不断扩大，如图10.1所示。2018年，华为营业收入7212亿元，在中国民营企业中排名第一。

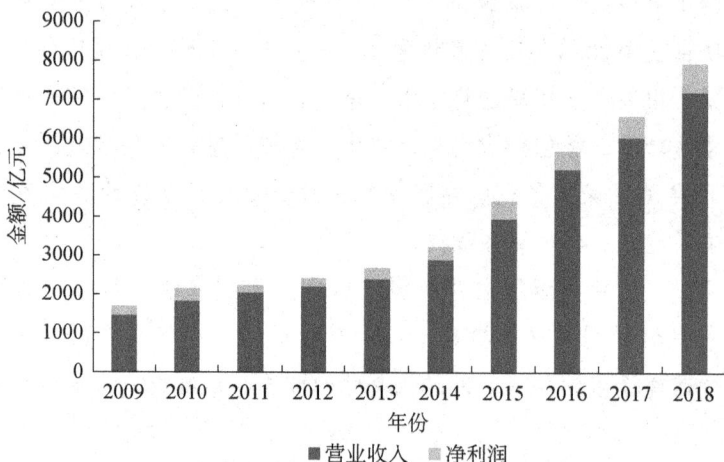

图10.1　2009～2018年华为营业收入和净利润

资料来源：整理自华为年报，网址为 https://www.huawei.com/cn/press-events/annual-report/[2022-12-20]

华为具备运营商业务、企业级业务、云服务业务和消费者业务四大业务板块，即为电信运营商提供创新、安全的网络设备，为行业客户提供开放、灵活、安全的ICT基础设施产品，为云服务客户提供稳定可靠、安全可信和可持续演进的云服务，通过智能终端和智能手机帮助人们享受高品质的数字工作、生活和娱乐体验。华为在通信网络、信息技术、智能终端和云服务等领域为客户提供有竞争力、安全可信赖的产品、解决方案与服务，致力于把数字世界带入每个人、每个家庭、每个组织，构建万物互联的智能世界。

一、代理起步，技术为本

华为创立初期，国内通信市场尚处于起步阶段，市场需求远远大于供给，再加上当时华为自身并不具备技术能力，只能选择从事设备代理业务。华为定位于做一个世界级的、领先的电信设备提供商，当时中国电信行业对程控交换机有很大需求，但是整个市场被跨国公司把持，国内几乎所有的通信设备都依赖进口。另外，当时的代理市场环境同质化竞争严重，大量竞争对手的涌入逐渐让华为的代理生意越来越难做，利润空间不断被压缩。正是基于对自身的明确定位，以及当时准确的市场判断，华为开启了自主研发之路，不再满足于仅仅做一个低级代理商。

在华为开启自主研发道路之后，其技术实力得到持续提升，不断进行自我突破，一步一步拥有了自己的主营业务，打造出了自身的技术基石，进军了数通领域，一系列优质的产品和服务帮助华为在通信市场站稳了脚跟。华为在通信设备核心技术方面的第一次突破，是1994年推出的2000门网用大型交换机设备C&C08机，其也成为华为后续发展的基石。

随着时间的推移，国内互联网的热度开始急速上升，整个电信行业的形势也发生了重大变化。华为开始了自己的渠道建设以后，才突然发现这个市场原来比自己想象的还要大。因为路由器带来的不仅仅是企业市场，对路由器技术的积累，也是帮助华为在自己的主战场——电信运营商市场创造需求。1999年华为向数据通信投入2亿元的研发资金，重点开发了高端路由器和以太网交换机。华为这时候已经隐隐感觉到数据通信将是未来提高自己核心竞争力的一个非常重要的部分，所以专门设立了一个数据通信产品线，涵盖策划、研发、测试、市场和售后服务在内的一个完整体系，将数据通信从战略储备调到了一线。

早在1993年，华为就明确提出了每年要拨出不低于销售收入10%的资金投入到研发上，其对研发的重视在当时国内民营企业中是十分罕见的。也正是由于对研发的重视，华为才能在2G、3G、4G、5G时代突出重围，成为具有全球影响力的电信巨头。据统计，2018年华为向联合国下属的世界知识产权组织（World Intellectual Property Organization，WIPO）提交了5405份专利合作条约（patent cooperation treaty，PCT）申请。IHS Markit在2019年上半年全球路由器市场份额报告中指出，华为路由器产品在运营商领域市场份额排名第一。

华为自成立以来紧紧把握技术的发展脉络，投入大量人力财力进行自主研发，从而能够从小到大、由大到强，成长为中国民营企业的标杆，同时强大的产品研发能力和技术积淀也是华为出征海外、引领全球的重要基础。

二、续缘香港，扬帆出海

华为从1995年开始谋划国际化发展，彼时的中国通信市场竞争格局发生了巨大变化。世界上大型电信设备商纷纷进驻中国市场，并且国内本土的通信制造类企业纷纷崛起。中国电信市场由原来的产品短缺、供不应求发展到产能过剩、竞争环境恶劣的局面。在这样的情况下，华为面临"活下去"的紧迫，于是国际化成为"逼上梁山"的选择。

1. 香港市场探路

得益于早期从事我国深圳与香港代理业务，在进军国际市场前，我国香港成为华为布局的第一个战略要地。1996年，华为与长江实业集团有限公司旗下的和记电讯国际有限公司合作，提供以窄带交换机为核心的"商业网"产品。

经过在我国香港市场的初步尝试，华为的通信设备打入了我国香港市话网，开通了许多中国内地市场未开通的新业务。后面，华为依然在我国香港电信行业发展中扮演极为重要的角色，如图10.2所示。

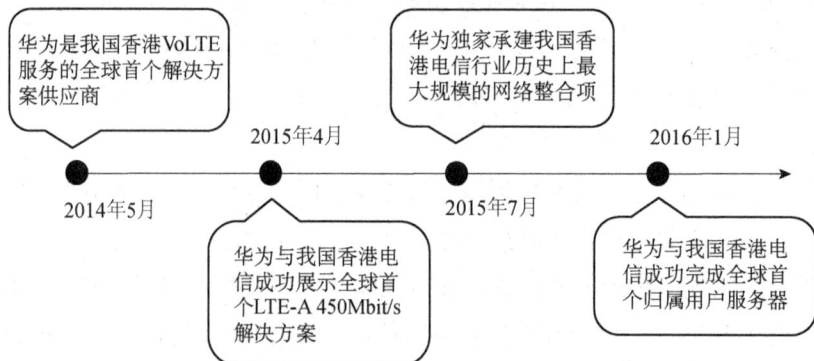

图10.2 华为在我国香港的优异成就

2. 在发展中国家市场稳扎稳打

1997年，国家采取经济优先的原则与其他国家开展外交关系，华为意识到这是一个非常好的机会，提出了"跟着国家的外交路线拓展国际市场"的基本策略。当年俄罗斯的电信业受到经济迟滞发展的影响，市场需求很大。行业市场没有统一的技术标准，对于通信设备的选购更注重产品的性价比和增值服务。同时，俄罗斯的股份制改造正初步展开，国家在其中占有很大的股份，而中国政府与俄罗斯政府一直保持着良好的外交关系，这为中国企业进军俄罗斯市场提供了有利条件。1998年，俄罗斯市场一片萧条。俄罗斯的一场金融危机使整个电信业都停滞了下来。一些大的国际电信设备供应商因为看不到短期收益而退出了俄罗斯市场。而华为逆水行舟，知难而上，在危机中把握机遇，在俄罗斯电信市场扎下根来。

20世纪90年代末期，拉丁美洲整体经济水平处于全球中等水平，政府对通信行业的投资比较大。受经济的影响，通信业发展速度快，但地区之间发展不平衡。巴西和阿根廷是拉丁美洲最大的通信市场，已成为最受投资者欢迎的发展中国家之一。1998年，华为开始在拉丁美洲拓展市场。但与俄罗斯相比，拉丁美洲市场的开拓更加艰难。由于拉丁美洲地区金融危机、经济环境的持续恶化，拉丁美洲国家的电信运营商多是欧洲或美国公司，采购权在欧洲或美国公司总部而不在拉丁美洲当地。于是华为采取了一个重要策略，让自己的海外采购路线沿着中国的外交路线走。这就是"以国家品牌提携企业品牌"。借助这一思路，再加上各种努力，终于打开拉丁美洲市场并站稳脚跟。

进入21世纪，华为凭借优质的产品服务、敬业的团队贡献、消费者上佳的评价反馈，开始向其他地区全面拓展，包括泰国、马来西亚等东南亚市场以及中东、非洲等区域市场。

3. 在发达国家市场找突破点

与发展中国家和次发达国家不同，欧美市场属于高端市场，有较为先进的消费理念，通信消费水平高于全球大部分地区，对产品的要求更注重性能。欧美通信市场属于成熟市场，网络已经定型且标准统一，其他制造商如果没有相当的实力是很难有所作为的。

2003 年，华为尝试通过与荷兰通信运营商 Telfort 合作为突破口进军欧洲市场，后来 Telfort 竟被荷兰最大的通信运营商荷兰皇家电信公司收购，华为的分布式基站解决方案惨遭抛弃，这也意味着华为的首次欧洲业务布局失败。2006年，西班牙运营商沃达丰采用华为分布式基站，其指标超过当地龙头企业Telefonica，从此华为产品逐渐进入欧洲客户购物清单。2007 年，华为的分布式基站斩获一连串大单。从此，华为一路快速发展，最后全面占领欧洲市场，如图 10.3 所示。

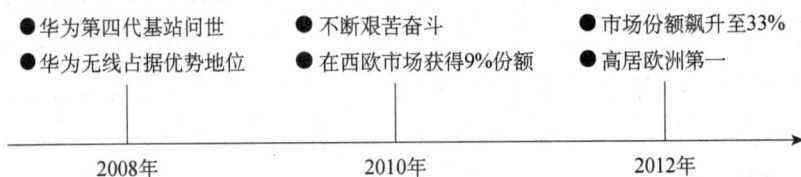

图 10.3　华为无线业务快速发展

随着无线业务突飞猛进的发展，华为在欧洲的品牌形象也建立起来，并为其他业务在欧洲的拓展奠定了基础。美国市场是全球最成熟、最高端、最具竞争力的市场，这里的对手最多最强，是思科公司等跨国巨头的大本营。华为进入美国市场，标志着华为真正进入了国际市场，但销售进程相对迟缓。不过，华为的美国市场计划推出了新的版本：通过改变形象大举进军。华为的意图在于，通过新手机直接吸引美国消费者，这些新手机同时包含高低端机型。华为还谋求与运营商合作，通过亚马逊等网站进行销售。如此一来，华为在发展中国家与发达国家采取不同的销售策略，均取得了显赫战绩。

综上，华为形成了自己的全球布局，包括行政中心、财务中心、研发中心、供应链中心，如图 10.4 所示。

三、落子 5G，横空出世

华为从 2009 年开始着手 5G 研究。华为副总裁鲁勇在 2019 年中国国际大数据产业博览会上发表演讲时称，美国所有企业的 5G 核心专利占比不到 15%，而华为一家就超过了 20%。

华为在 5G 领域的技术拥有强大的实力。在 2018 年初的 MWC2018（2018年世界移动通信大会）大会前夕，华为发布了首款基于 3GPP 标准的 5G 商用芯

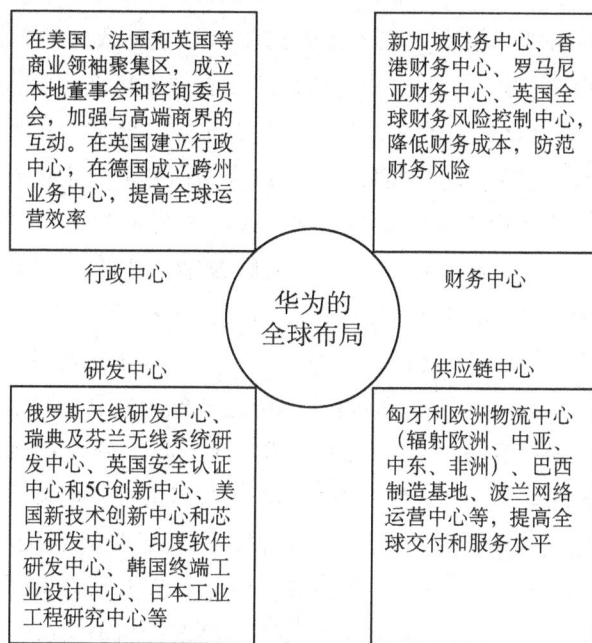

图10.4　华为的全球布局

片巴龙 5G01，它不仅完美支持全球主流 5G 频段，而且拥有惊人的 2.3Gbit/s（交换带宽）理论最高下载速度。截至 2019 年 4 月，其掌握的 5G 标准必要专利数量在业界排名第一，同时也成功打破了以美国高通公司为首的欧美企业对国际通信领域的垄断局面，成为名副其实的中国骄傲。在 5G 商用领域，华为独家技术可以说是独具优势。

　　除了技术实力雄厚外，华为 5G 设备的另一大优势在于其价格。众所周知，5G 通信技术虽然访问速度更快，但要实现与 4G 网络同样的稳定性和覆盖面，通信商在同样面积的地区需要铺设比 4G 时代多得多的基站，这对于通信商来说无疑是一项巨大的成本支出。华为凭借国内更低的人力、物力成本，在价格方面具有得天独厚的优势。由于设备采购基数大，价格优势在 5G 时代的竞争力尤其明显，这也是华为 5G 设备在海外多国广受欢迎的重要原因之一。

四、备胎转正，修远求索

　　2019 年，华为被美国商务部工业和安全局列入管制实体名单，禁止华为从美国公司购买零部件和技术。在承受外部压力、生死攸关的时候，华为凭借"备胎计划"逆风前行。华为很早就意识到核心技术将来有可能成为自身"卡脖子"的问题，便开始大量投入进行基础性的工作。例如，华为海思团队一直致力于芯片自研。当时，海思有两点定位：华为内部可以不使用海思的芯片；即使内部不用海思的芯片，为了不受制于人，也得坚持做下去。在不断发展中，海思在手机芯片、移动通信芯片、家庭数字芯片等方面取得了不俗的成绩，已发展成为我国最大的半导体和 IC 芯片设计公司。

除了自研芯片的巨大成功之外，华为还在 2019 年全球开发者大会上推出了自研的分布式操作系统——鸿蒙 OS。大会上，华为在介绍鸿蒙 OS 开发初衷时表示，随着全场景智慧时代的到来，需要进一步提升操作系统的跨平台能力，包括支持全场景、跨多设备和平台的能力以及应对低时延、高安全性挑战的能力，这些需求逐渐形成了鸿蒙 OS 的雏形。为配合鸿蒙 OS 的发展，华为推出了华为移动服务 HMS。它是华为云服务开放能力的合集，是跨平台、跨设备的服务。HMS 正式上线意味着华为已经有完整的生态能力，这也是华为自主研发的跨平台操作系统鸿蒙 OS 的基础。华为终端负责人余承东表示，华为 HMS 生态目前仅次于安卓、iOS，在全球排名前三，而随着接下来的持续发展，未来华为 HMS 有望成为全球市场上用户最受欢迎的生态系统。

华为能有"备胎"芯片和操作系统不是偶然，正是因为华为投入了数万人年的工时和至少十数亿美元进行"备份计划"的研究，才有了后续呈现的芯片和操作系统。华为是一家技术主导、布局深远的企业，这种理想和技术积累为"备胎"的出现提供了土壤，也让华为在困境中屹立不倒。

思考题

1. 你认为华为为什么能取得成功？

2. 华为在发展过程中的哪些理念或战略是值得其他民营企业借鉴和学习的？

3. 如果你是任正非，你会为华为的下一步发展定下怎样的目标和计划？

4. 如果有机会去华为工作，你会去吗？为什么？

5. 你认为在中国创新强国、科技强国战略的实施中，应该注重哪些问题？

第二节　为什么是华为：改革开放的缩影

1978 年，我国开始改革开放以来，民营企业蓬勃发展，民营经济从小到大、由弱变强，在稳定增长、促进创新、增加就业、改善民生等方面发挥了重要作用，成为推动经济社会发展的重要力量，为中国成长为世界第二大经济体做出了不可磨灭的贡献，是我国经济奇迹缔造的重要参与者。中国的开放包容和顺应历史潮流给企业家创造了很多机遇，遍地开花的企业也促进了我国经济的发展。

2018 年，在改革开放四十周年之际，民营经济创造了我国 60% 以上的 GDP，缴纳了 50% 以上的税收，贡献了 70% 以上的技术创新，提供了 80% 以上的城镇劳动就业[①]。华为、阿里巴巴、腾讯、小米、福耀集团等中大型民营企业还成为我国经济的重要支撑，并且能够"走出去"，让世界见证中国品牌的崛起。

民营经济能够成为中国经济的重要支撑，离不开中国经济体制的改革。20 世纪中叶，社会主义改造基本完成以后，我国工商业经济完全实现了国有化，非公有制经济比重几乎等于零。后来，当大量返城的知青、大中专毕业生等亟须国家安排就业时，国有企业一时提供不出如此多的就业岗位，为了缓解就业压力，国家开始放松对集体、个体经济的限制。1978 年党的十三大指出，私营经济与个体经济一样，都是社会主义公有制经济的补充。同年，党的十一届三中全会以后，在党和政府的对外开放、对内搞活经济方针的指引下，采取了一系列具体措施，调整所有制结构，为个体经济的发展提供了新的契机，国家进入经济发展的新时期。这一年也成为中国市场化的起点。之后，个体、私营经济不断发展，私人经商者越来越多，形成下海经商潮。随着经商队伍的不断壮大，产业结构得到优化，同时也有利于人才结构的平衡。受经商潮的冲击，人们的就业观念发生了重要变化，一些国家机关的干部、企事业单位的高级管理人员、科技人员、大学生等加入下海经商的大军中，人才结构更加平衡，形成一批勇于开拓、敢于冒险、善于经营、精于管理的企业家队伍，经商者的整体水平大为提升。任正非就是这批企业家中的一员，转业退伍的他先在深圳成为企业

---

①　改革开放 40 年 民营企业再出发. http://jjckb.xinhuanet.com/2018-11/02/c_137577040.htm[2021-09-20].

的一名管理者，然后凭借自己的能力和梦想创立了华为。正是包括任正非在内的这批企业家带领了初期民营企业的崛起，也造就了属于这个时代的伟大企业，成为中国经济的重要支撑和宝贵财富。

没有成功的企业，只有时代的企业。国家政策与制度是民营经济发展的基础和保障，而改革开放后的城镇化和全球化则为民营经济插上了翅膀。改革开放以来，中国经历了人类历史上最为波澜壮阔的城镇化进程，城镇化的快速推进吸纳了大量农村劳动力转移就业，提高了城乡生产要素配置的效率，推动了社会结构和经济制度的深刻转型，为经济发展提供了充足的动力。中国的全球化是从2001年加入世界贸易组织开始实施"引进来"和"走出去"共同发展的战略，引进外国的资金、人才、技术和先进管理经验，同时也让中国的产品、服务、资金走向全世界。经济全球化对民营经济有四方面裨益：充分引进和利用外资，吸收先进管理理论与经验；深度参与国际分工，发挥潜在的比较优势，提高资源配置效率；主动融入全球科技发展轨道，促进自主高新技术产业长足发展，助力实现经济的跨越式发展；对国内经济体制改革形成倒逼，促进提升自身产业结构，增强了自身的综合实力与国际竞争力。

第三节　为什么是深圳：经济特区与中国人的改革智慧

中国的改革开放有一个突出的特征，就是以"经济特区"为代表的政策试验模式，是中国为在经济社会体制领域进行多方面改革而探索出的一种全新试点方式，是体制转轨进程中专门的"试验场"，是属于中国人的改革智慧。通过运用"试验场"，能够达到以往试点方法难以完成的试验目标。它可以先于其他地区实行新的政策、新的经济社会管理体制以及各种特殊、灵活的措施，在这一区域放手进行改革试验。"这样做，既可以将成功的经验向内地推广，又可以把试验中可能是不成功的东西限制在小范围内，对国外经验进行筛选和过滤，为我所用"①。

---

① 关于经济特区建设和沿海十四个城市进一步开放工作进展情况的报告（1985年）. http://www.npc.gov.cn/wxzl/gongbao/2000-12/26/content_5001594.htm[2021-09-20].

1. 经济特区的代表：深圳

改革开放以来，中国经济发展有三条主线：一是国有经济的做大做强，代表城市是北京；二是外资经济的筑巢引凤，代表城市是上海；三是民营经济的野蛮生长，代表城市是深圳。深圳是最早开放的四个经济特区之一，特区在政策上拥有得天独厚的优势，如企业经营自主权、税收、土地使用、外汇管理、产品销售、出入境管理等，再加上毗邻我国香港的优势，吸引了大量外部资本和技术，经济得到迅猛发展。

从1979年建市，1980年成立经济特区，2010年特区扩容到全市，再到今天，深圳作为一个城市经济体，已经拥有40多年的发展历史。深圳这座城市最成功、最独特的东西，就是自主培育了一大批世界级的本土企业。无论是看福布斯上市公司2000强，还是看财富500强，深圳都是本土经济最强的中国城市，其中的典型代表如中国平安、腾讯、华为、招商银行、万科、中兴、中集集团等。这些深圳土生土长的企业，不仅在国内举足轻重，在国际上也颇有影响力。同时，深圳也是上市公司最集中的城市之一。

2019年，中共中央和国务院提出关于支持深圳建设中国特色社会主义先行示范区的意见，中国特色社会主义进入新时代，支持深圳高举新时代改革开放旗帜、建设中国特色社会主义先行示范区，有利于在更高起点、更高层次、更高目标上推进改革开放，形成全面深化改革、全面扩大开放新格局；有利于更好实施粤港澳大湾区战略，丰富"一国两制"事业发展新实践；有利于率先探索全面建设社会主义现代化强国新路径，为实现中华民族伟大复兴的中国梦提供有力支撑。

2. 独特的改革智慧：试验区

1978年，邓小平的《解放思想，实事求是，团结一致向前看》中写道："在全国的统一方案拿出来以前，可以先从局部做起，从一个地区、一个行业做起，逐步推开"。1987年10月，在党的十三大的指导下，为了满足完成内容愈加丰富的各种试点项目的需要，实施"试点"的方式和手段也在不断多样化。试验区是指为探索或实施某一项或某一领域的新政策、新制度而选定的一个地域性区划单位，具体表现为各种样式的综合性试验区、专门性试验区以及特区、新区、开发开放区、示范区、合作区、自贸区等。表10.1介绍了国务院批准的代表性"试验区"。

表 10.1　国务院批准的代表性"试验区"

开始年份	内容	内涵
1980	经济特区	区内实行特殊政策
1984	经济技术开发区	区内既着眼于产业发展的规律又着眼于区域发展规律
1988	国家级高新区	高新技术产业在发展初期需要政府的扶植加以培育
1990	国家级新区	通过新区的建设带动区域的发展
2005	综合配套改革试验区	第二批经济特区,"试验"内容更明确
2013	自贸试验区	园区内的生产、贸易和投资活动适用的关税、审批和管理政策灵活

"试验区"只是"政策试点"在空间维度的表现,是改革开放时期"政策试点"方式创新的最显著标志,在中国政府施政的其他很多方面,都采用了"政策试点"的方式。改革开放之初,中国的市场经济刚刚起步,中央及地方政府在计划经济的外围和边缘开始的公共政策选择和各种创新性试验是一种有效率的选择,当时的发展策略只能是"由点到面",采取"摸着石头过河"的办法,市场经济体制在从不完善到完善的建设过程中,需要把"石头"搬开,尤其是需要把握好节奏,不能一刀切,需要先在小范围的试验中摸索和积累经验①。这样做,一方面,能够为以后的全面推广积累经验;另一方面,也可以根据试验的结果来检验政策制定的科学性。如果政策小规模试验区的效果不是很显著,或者结果不是很理想,即没有真正解决需解决的政策问题,甚至引发矛盾的进一步恶化,这便证明所制定的政策可能存在一些问题,需要进一步修改完善。政策的试验性推广可避免在不经试验全面推广情况下因政策的不完善而引发的巨大社会震荡,从而维护社会稳定。可见,"政策试点"起到了先行官、探路者的作用,能够在很大程度上规避重大决策在制定和执行过程中存在的不确定性风险。此外,成功的"政策试点"还能为日后政策整体推行做好榜样,起到模范带头作用,带动全国大范围内政策执行的顺利进行②。

中国通过在制度和发展模式等领域大胆、大量的创新,为市场配置资源机

---

① 朱秦. 地方政府公共政策:模式反思与制度选择. 云南社会科学, 2005,(4):9-11.

② 张骏生. 公共政策的有效执行. 北京:清华大学出版社, 2006.

制的建立和维护确立了制度性基础。它们渐渐成为中国推动市场化改革和进行制度创新的主体力量，是理解改革开放历程的重要关键词。

第四节　华为为什么能崛起：追赶与创新

改革开放使中国在全球化背景下走上发展的快车道，用几十年的时间走完了发达国家数百年走过的发展历程，创造了举世公认的"中国奇迹"。但与此同时，发展中不平衡、不协调、不可持续问题依然突出，人口、资源、环境压力越来越大，以要素投入驱动经济增长和规模扩张的粗放型发展方式难以为继。在经济发展新常态下，不可能再走主要依靠资源和低成本劳动力等要素投入的老路，只能转向发挥创新驱动优势的新路[①]。

1. 中国企业的创新发展之路

国内外实践经验表明，不从模仿开始，往往是难以创新的。模仿是前提和基础，而创新则是一种提高及升华。模仿式创新投资少、风险小、见效快，更能规避企业研发的大量投入与风险。通过长期模仿经验的积累与研发创新的不断尝试，企业具备了相当高的内功与变通力，具备了一定的市场竞争力和占有率，开始追求产品、技术、营销、品牌、运营模式的差异化。中国企业的创新也是从模仿开始的，中华人民共和国成立后，我国经历了学习苏联技术、在封锁的夹缝中创新以及引进发达国家先进技术的过程。改革开放以来，我国大规模引进发达国家的先进技术和设备，引进外商投资办企业，利用国外先进技术的扩散效应，中国企业进行工业技术的模仿与创新。

改革开放之初，在绝大多数行业，如通信、汽车、家电，中国企业都属于追随者，只能通过模仿国际巨头生产低质低价的产品，高端市场几乎被进入中国的跨国公司占领，中国企业只能在中低端市场获得生存与发展的空间。中国大量互联网公司、科技企业的创新，基本上都属于模仿式创新。例如，华为刚

---

① 创新发展的理论意义和实践要求. http://theory.people.com.cn/n1/2017/0721/c40531-29420093.html[2021-09-20].

进入通信市场，也是通过模仿学习爱立信等通信巨头的产品，再在对方成熟产品的基础上开发出具有本土特征的设备。中国家电企业也是通过对发达国家电器行业的长期研究，完全消化了其先进经验并有所发展与创新，形成了中国家电业的优势。

经过数十年的追赶，一大批中国的后发企业已经逐步完成必要知识的累积，占领了国际国内市场的足够份额，甚至有部分企业成为行业内的国际领先企业，如吉利、海尔、华为、奇瑞等企业取得了显著的成就。长期被外媒扣上"山寨"帽子的中国，正在以创新步伐大幅改变这一形象。过去几年，中国的创新能力开始受到国外的大力推崇，一些欧美主流媒体称中国已从模仿者转变为引领者，中国企业创新模式也逐渐从模仿式创新过渡到引领式创新。

高速铁路是当今高新技术的集成和交通现代化的标志。21世纪初，中国高铁刚刚起步时，德国西门子、加拿大庞巴迪、法国阿尔斯通与日本的川崎重工等高铁制造企业基本垄断了世界上最先进的高铁技术。在与国外技术成熟企业的合作中，中国中车迅速提升了高铁列车研发制造的核心技术，更重要的是，本土化的高端技术人才在合作中得到深入锻炼，这大大提升了我国高铁全产业链的科研攻关能力。如今，中国高铁列车已经系统完成了从技术引进到自主创新的转变。以奔驰在京沪高铁上的CRH380A为例，它成功实现了头型、轻量化车体、转向架、减振降噪、系统集成等关键技术的自主创新。中国中车，让中国高铁从追赶者变成了引领者，打造了一张名副其实的"国家名片"。随着国内高端装备制造业转型升级的步伐加快，中国中车的高铁列车越来越具有创新驱动发展的标杆意义。在这张"国家名片"的示范下，越来越多具有核心科技和自主知识产权的中国企业走出国门，形成参与国际竞争的中国高端工业产品品牌"国家队"，在世界舞台上展示出了亮丽的"中国风"①。

2. 中国的创新发展理念

创新是历史进步的动力、时代发展的关键。习近平在党的十八届五中全会上提出的"创新、协调、绿色、开放、共享"五大发展理念。把创新提到首要位置，指明了我国发展的方向和要求，代表了当今世界发展潮流，体现了我们

---

① 中国中车：从追赶者到引领者. http://epaper.gmw.cn/gmrb/html/2015-12/16/nw.D110000gmrb_20151216_2-04.htm[2021-09-20].

党认识把握发展规律的深化①。

科技兴则民族兴，科技强则国家强，科技创新是一个国家、一个民族发展的重要力量。改革开放以来，党和国家对科学技术越来越重视，将其视为"第一生产力"，进而定义为"第一动力"②。近年来，我国在自主创新道路上迈出重要步伐，科技整体水平大幅提升，一些重要领域跻身世界先进行列，某些领域正由"跟跑者"向"并行者""领跑者"转变③。我国科技事业实现了跨越式发展，成为具有全球影响力的科技大国，多项指标位居世界前列。图10.5 为2005～2018年全社会研发经费投入情况。

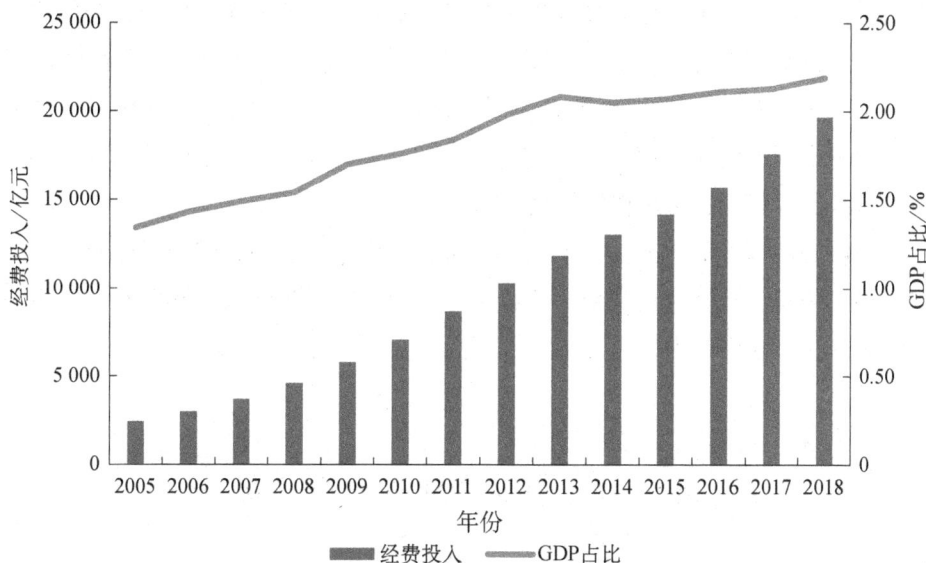

图10.5　2005～2018年全社会研发经费投入情况

资料来源：整理自历年《全国科技经费投入统计公报》，

网址为 http://www.stats.gov.cn/tjsj/tjgb/rdpcgb/qgkjjftrtjgb/[2022-12-20]

当下的中国，重大创新成果竞相涌现，一些前沿方向开始进入并行、领跑阶段，科技实力正处于从量的积累向质的飞跃、从点的突破向系统能力提升的重要时期。近年来，"天眼"探空、"神舟"飞天、"墨子"传信、高铁奔驰、

① 人民日报：坚持创新发展. http://opinion.people.com.cn/n1/2015/1218/c1003-27943628.html[2021-09-20].

② 改革开放40年科技体制改革发展历程. http://theory.people.com.cn/n1/2018/0913/c40531-30290177.html [2021-09-20].

③ 人民日报：以创新自信促进科技发展. http://scitech.people.com.cn/n/2014/0219/c1007-24400555.html [2021-09-20].

北斗组网、超算"发威"、大飞机首飞等桩桩件件的成果，标注出厚积薄发的中国科技交出了让世界瞩目的优秀答卷①。

中国的改革开放何以能够行稳致远？习近平在庆祝改革开放40周年大会上的重要讲话指出，"改革开放40年的实践启示我们：制度是关系党和国家事业发展的根本性、全局性、稳定性、长期性问题。"改革开放以来，我们坚持和完善中国特色社会主义制度，坚持守正创新，将坚持正确方向的定力与勇敢创新的自觉统一起来，为中国特色社会主义事业提供了根本制度保证。②创新是社会进步的阶梯、撬动未来的杠杆，总能创造令人意想不到的奇迹，也如同活力涌流的源泉，所经之处总能开出多姿多彩的发展之花。从大包干到个体户，从深圳特区到雄安新区，从发展混合所有制经济到完善社会主义市场经济体制，从加入世界贸易组织到谋划中国特色自由贸易港，创新引擎激发无穷活力，使得中国人民在富起来、强起来的征程上迈出决定性的步伐，助推中国实现了从赶上时代到引领时代的伟大跨越。

用以创新为首的"五大发展理念"引领时代发展，必将带来我国发展全局的一场深刻变革，为全面建成小康社会、实现中华民族伟大复兴中国梦提供根本遵循、注入强劲动力③。

第五节　中国企业的未来之路

通过对外开放，中国获取了经济全球化的红利，经济蓬勃发展。但目前，全球经济衰退，外部需求快速下降，产业供应链的重组与移出，对中国出口需求带来严重冲击。再加上美国贸易摩擦及全球新冠肺炎疫情的持续，更是把中国外部环境的不确定性及风险无限放大。外部需求难以再成为中国经济增长的动力，在这种情况下，中国不能再依赖以往的外向型经济发展模式，而是要转向以内需拉动经济的发展之路。

---

① 改革开放40年交出世界瞩目的科技答卷. http://opinion.people.com.cn/n1/2018/1007/c1003-30326643.html [2021-09-20].

② 人民日报：中国制度守正创新之道. http://opinion.people.com.cn/n1/2019/0213/c1003-30641272.html [2021-09-20].

③ 人民日报：坚持创新发展. http://opinion.people.com.cn/n1/2015/1218/c1003-27943628.html [2021-09-20].

在"十四五"规划中，中共中央确立了"十四五"时期经济社会发展指导方针和主要目标，其中重要的一点就是：加快构建以国内大循环为主体、国内国际双循环相互促进的新发展格局。内循环经济成为各界热议的话题。内循环就是要充分发挥国内超大规模市场优势，把满足国内需求作为发展的出发点和落脚点，加快构建完整的内需体系，着力打通生产、分配、流通、消费各个环节，提升产业链供应链现代化水平，打造未来发展新优势①。也就是说，内循环经济的实质就是以国内超大市场规模优势为核心，全面调整现有的经济发展战略，由外向型为主导的经济转型为内需为主导的经济，以此来适应变化的国内外经济形势。可以说，当前国内外经济形势的重大变化是促使这次经济发展战略转型的关键与动力。现在的问题是，中国以内需为主导的经济体系如何建立？突破口又在哪里？

2020年，习近平在经济社会领域专家座谈会上指出，实现高质量发展，必须实现依靠创新驱动的内涵型增长，大力提升自主创新能力，尽快突破关键核心技术②。这是关系我国发展全局的重大问题，也是形成以国内大循环为主体的关键。生产和消费是经济循环的起点和终点，形成国内以大循环为主体的经济发展模式，就是提升供给体系对国内需求的适配性，形成需求牵引供给、供给创造需求的更高水平的动态平衡。无论是在提升供给体系对国内需求的适配性上，还是在形成需求牵引供给、供给创造需求的更高水平的动态平衡上，科技创新都需要发挥重大作用。提升供给体系对国内需求的适配性，必须通过提升自主创新能力解决关键技术"卡脖子"的问题。

各国发展的经验表明，要持续提高劳动生产率，必须推进创新驱动的内涵型经济增长。一个时期，可以通过引进技术的方式实现创新驱动的内涵型增长。但即便是引进技术，也是一个复杂的创新过程，而不是简单复制，况且也不可能通过技术引进的方式来长期支撑内涵型经济增长。我国作为一个发展中的大国，要持续依靠大量引进国外技术支撑稳定的经济增长和居民收入的提升是难以行得通的。在新一轮技术革命蓬勃兴起、国际技术和创新竞争日趋剧烈、美国实施技术霸凌主义的新形势下，我国通过提升自主创新能力实现内涵

① 坚定信心，努力完成全年经济社会发展目标任务——论做好当前经济工作. http://hi.people.com.cn/n2/2020/0801/c231187-34198877.html[2021-09-20].

② 高质量发展离不开创新. http://politics.people.com.cn/n1/2020/1011/c1001-31887349.html[2021-09-20].

型经济增长更是成为十分紧迫的任务①。

格力就是企业利用自主创新融入内循环最好的例子。2020年，受新冠疫情影响，实体经济发展陷入困境，空调市场也受到牵连。根据奥维云网（AVC）数据显示，2020年上半年国内家用空调零售量同比下降14.3%、零售额同比下降26.9%。市场占有率最高的格力自然也受到冲击。尽管损失巨大，但格力在危机中积极创变，频频有大动作。疫情之下，人们对空调的需求有了更高要求，健康、舒适成为品质的代名词。冷风不直吹、舒适睡得好、节能不费电、新鲜好空气、智能全联动……格力围绕市场需求研发出了"中国风"系列空调，从市场空白点、无人区切入，精准击中供给软肋，以自主创造核心技术造出了健康风、舒适风、节能风、新鲜风、智慧风等，将空调带入了一个健康新时代。凭借自主创新的科技和产品，格力2020年第二季度实现触底反弹、深蹲起跳。甚至可以预见，格力强势划出的这条上扬曲线才刚刚起头②。

企业通过科技创新生产新产品，可以带来新需求，激发国内需求潜力。在新技术革命这一大背景下，通过科技创新推动供给创造需求的作用更为明显。新一轮技术革命推动新产品、新业态、新市场不断涌现，极大地扩展了消费者的选择空间，发展空间和潜力巨大。我国须通过科技创新确立在新型市场中的引领优势，并引导新技术加强对传统产品和服务的改造，从而在传统产品和传统市场上创造国际市场竞争的新优势③。同时，随着内循环的启动，整个产业将产生巨大的变革。产业端的机会分为两头，一头是高端产业，另一头是低端产业。高端产业无疑是中国制造的新机遇。在全球产业链、供应链重构的浪潮中，作为提升产业基础能力和产业链现代化水平的重要载体，企业要强化产业创新生态培育，围绕产业链部署创新链、围绕创新链布局产业链，促进创新链与产业链深度融合，塑造更多依靠创新驱动的引领性发展。在危机中育新机、于变局中开新局，中国企业要把握机遇，重视自主创新，开辟光明的未来。

---

① 自主创新是形成以国内大循环为主体的关键. http://epaper.gmw.cn/gmrb/html/2020-09/03/nw.D110000gmrb_20200903_2-11.htm[2021-09-20].

② 格力以自主创新深入融入内循环 支撑全流程的创新链条. https://hea.china.com/hea/20200902/20200902593326.html[2021-09-20].

③ 自主创新是形成以国内大循环为主体的关键. http://epaper.gmw.cn/gmrb/html/2020-09/03/nw.D110000gmrb_20200903_2-11.htm[2021-09-20].

　　企业是经济的基本细胞，是商业力量的来源，企业兴则经济兴。中国的经济总量已经超越欧盟，而即使以人均GDP计，中国也将很快步入高收入国家的行列。中国的改革开放是一部宏大的叙事，故事中千千万万的企业正是一个个精彩的缩影，阐释了中国经济奇迹的内在逻辑。

　　行百里者半九十，当前我国经济已由高速增长阶段转向高质量发展阶段，依然需要激发各类企业的内生活力。通过优化营商环境，加强产权保护特别是知识产权保护，促进企业建立起长期激励，减少和克服各种"短平快"的投机行为，老老实实发展实体经济，潜心静气推进基础创新、原始创新，确保产业链供应链安全稳定，提升在全球创新链和价值链中的话语权。

　　华为的际遇牵动人心，是因为它的故事和它的名字一样，能引起全体中国人的共情。中国经济的转型升级正处于爬坡过坎的关键阶段，更多的华为正在涌现出来，共同谱写中国经济故事的新篇章。